대바늘로
한 번에 뜨는

탑다운 니트

Lady Boutique Seiries No. 8547
Tojihaginashi Neckkaraamu Topdown Knit
© 2024 by BOUTIQUE-SHA, INC.
All rights reserved.
First published in Japan in 2024 by BOUTIQUE-SHA, INC. Tokyo
Korean translation rights arranged with BOUTIQUE-SHA, INC. through COMPANY B.A, Seoul

이 책은 COMPANY B.A를 통한 저작권자와의 독점계약으로 제우미디어에서 출간되었습니다.
저작권법에 의해 한국 내에서 보호를 받는 저작물이므로 무단전재와 복제를 금합니다.

풀오버, 카디건, 베스트까지
감성 니트 디자인 18

핸드메이드
시크릿 레시피

대 바 늘 로
한 번 에 뜨 는
탑 다 운 니 트

부티크사 편집부 지음 | 남가영 옮김

제우미디어

contents

01	스트라이프 풀오버	18
02	스트라이프 베스트	20
03	트리 패턴 풀오버	22
04	바스켓 패턴 풀오버	24
05	배색 풀오버	26
06·07	가터뜨기 카디건	28
08	지그재그 무늬 배색 풀오버	30
09·10	은방울꽃무늬 배색 풀오버	32
11	루프 얀 풀오버	34
12	아란 무늬 풀오버	36
13	프릴 달린 풀오버	38
14·15	스모킹 무늬 풀오버	40
16	비침무늬 풀오버	42
17	비침무늬 짧은 카디건	43
18	플레어 베스트	44
	이 책에서 사용한 실 소개	46
	탑다운 니트 뜨는 법	48
	작품 뜨기 전에 알아두기	06
	기초 테크닉	08

Introduction

탑다운 니트란 목부터 떠내려가는 니트를 가리킵니다. 목에서부터 요크를 뜨고, 요크의 코를 주우면서 몸판과 소매를 뜨기 때문에 부분별로 꿰매기·잇기를 하지 않고 심리스 니트를 만들 수 있습니다. 목에서부터 밑단을 향해서 뜨니 소매 길이와 기장을 자유롭게 조절할 수 있는 것도 매력 포인트! 꿰매기와 잇기의 장벽이 없어서 옷 뜨기 초보자에게도 추천할 만한 것이 바로 탑다운 니트입니다. 마음에 드는 디자인을 발견했다면 꼭 한번 도전해 보세요.

작품 뜨기 전에 알아두기

도안 보는 법

약어
c=cm
만들기=기초코
평=증감코 없이 뜨기

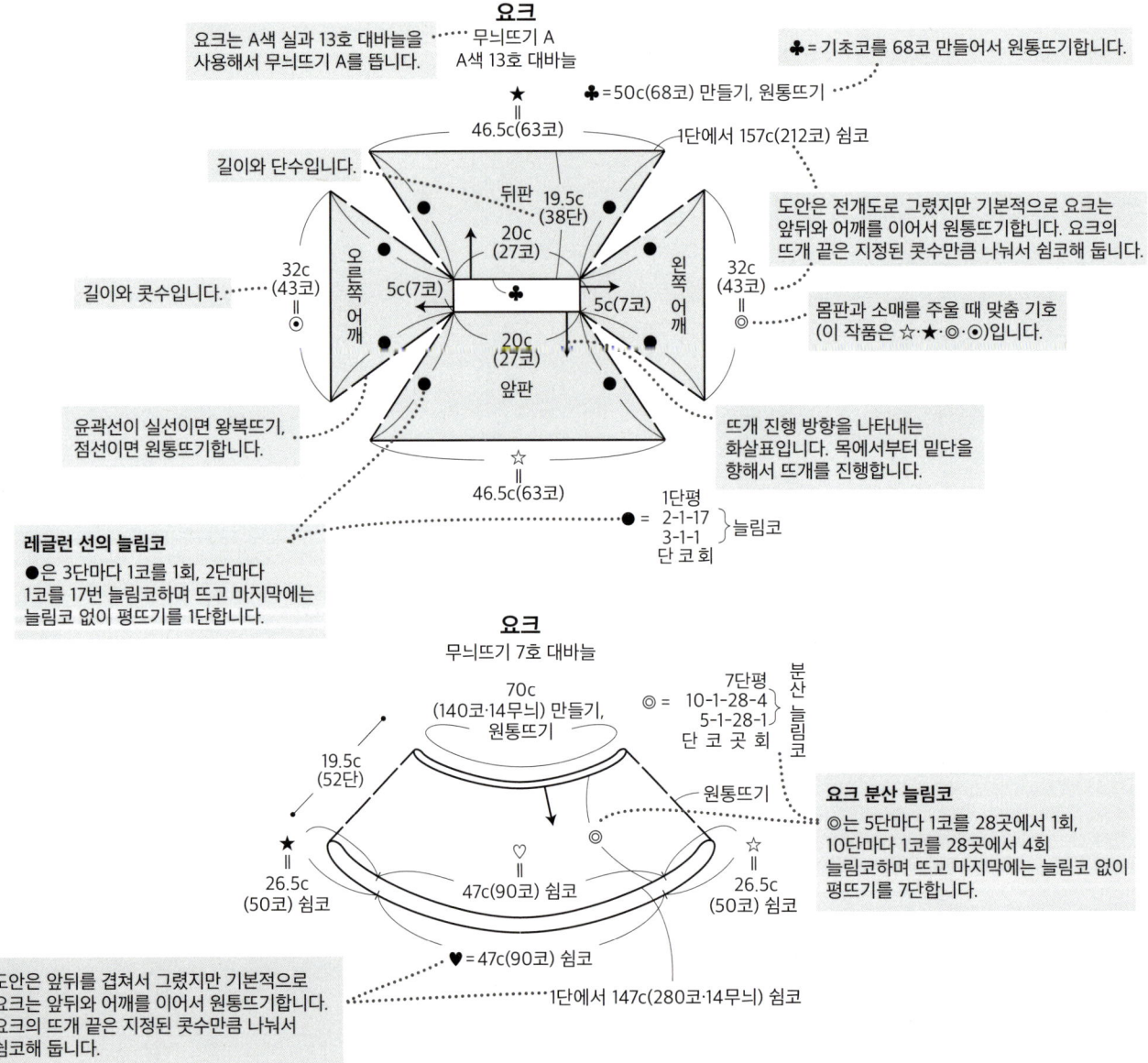

게이지에 대해서

'게이지'란 뜨개 바탕의 밀도를 가리키는데 가로, 세로 10㎝ 안에 들어가는 콧수와 단수를 나타냅니다. 게이지는 뜨는 사람의 손 장력에 따라 달라지므로 책에서 지정한 실과 바늘을 사용해도 크기가 다를 수 있습니다. 반드시 테스트를 해서 자신의 게이지를 확인해 보세요.

※책에서 지정한 게이지보다 콧수·단수가 많으면(코가 빽빽하다) 굵은 바늘로, 적으면(코가 느슨하다) 가는 바늘로 바꿔서 조절합니다.

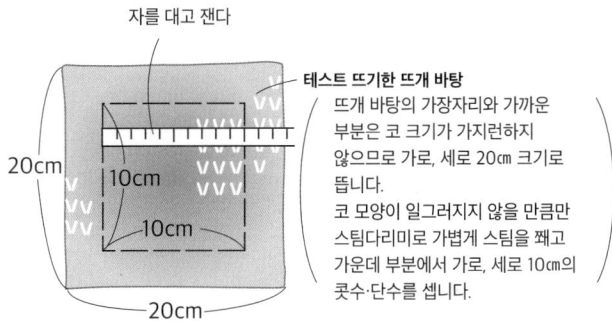

원통뜨기와 왕복뜨기

원통뜨기
계속 뜨개 바탕의 겉면을 보면서 둥글게 원통 모양으로 뜹니다.

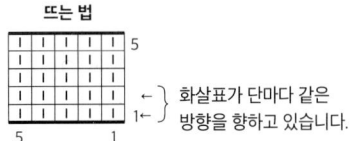
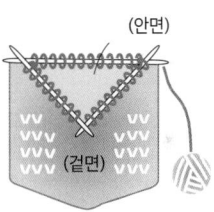

왕복뜨기
뜨개 바탕의 끝에서 끝까지 겉면과 안면을 1단씩 교대로 보면서 뜹니다.

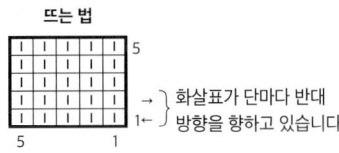
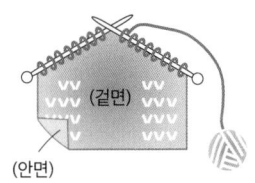

대바늘뜨기 도안 보는 법

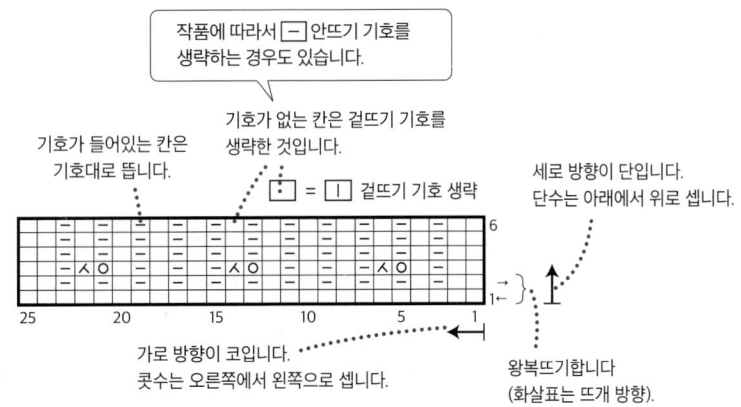

기초 테크닉

대바늘뜨기

기초코

일반 코잡기

1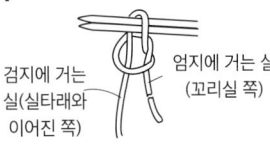
꼬리실을 작품 폭보다 3~4배 길게 남긴 후 고리를 만들고, 고리 안에서 실을 끌어내어 대바늘 2개에 겁니다. 이것이 첫코입니다.

검지에 거는 실(실타래와 이어진 쪽)
엄지에 거는 실(꼬리실 쪽)

2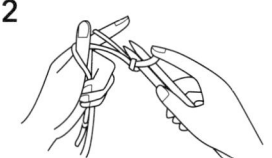
왼손 검지와 엄지에 실을 걸고, 나머지 손가락으로 실을 잡습니다. 첫코를 오른손 검지로 고정합니다.

3
엄지 바깥쪽 실에 화살표처럼 대바늘을 넣어서 실을 겁니다.

4
검지에 걸린 실에 화살표처럼 대바늘을 넣어서 실을 겁니다.

5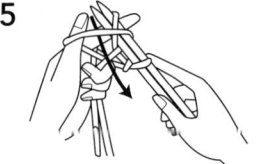
검지에 걸린 실을 앞으로 끌어당겨 엄지의 고리 사이로 빼냅니다.

6
엄지에 걸린 실을 뺍니다.

7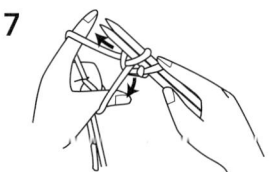
엄지에서 뺀 실 안쪽으로 엄지를 걸어서 실을 잡아당깁니다. ③~⑦을 반복합니다.

8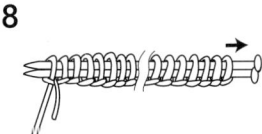
필요한 콧수만큼 만들면 대바늘을 한 개 빼냅니다. 이 기초코를 1단으로 셉니다.

신축성 있는 코잡기…P.52

52페이지에서 사진과 함께 설명합니다.

별실 코잡기

1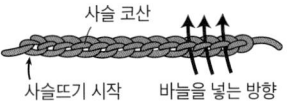
사슬 코산
사슬뜨기 시작
바늘을 넣는 방향

다른 실로 필요한 콧수보다 5코 정도 여유있게, 느슨하게 사슬뜨기합니다.

2
사슬 코산에 대바늘을 넣어서 첫단을 뜹니다.

3
필요한 콧수만큼 뜹니다. 이 기초코를 1단으로 셉니다.

별실 코잡기를 풀어서 코 줍는 법

1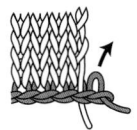
나중에 코를 주울 때는 별실 코잡기를 풀면서 대바늘에 코를 끼웁니다.

2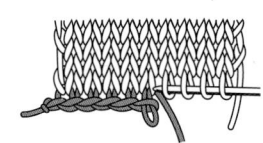
고리 안에 대바늘을 끼웁니다.

기초코로 원통뜨기

1 기초코를 바늘 3개에 나눠 끼웁니다.

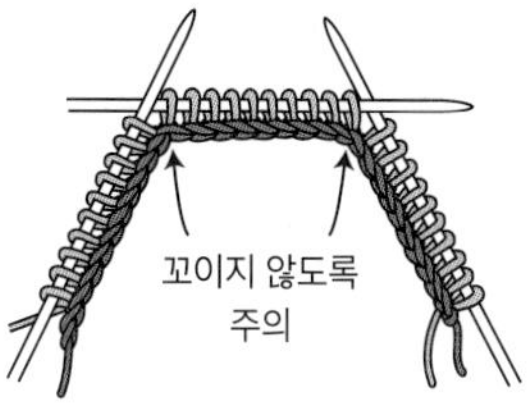

꼬이지 않도록 주의

2 4번째 바늘로 뜨개를 진행합니다.

※5개짜리 양면 바늘을 사용할 때는 기초코를 바늘 4개에 나눠 끼우고, 5번째 바늘로 뜨개를 진행합니다.

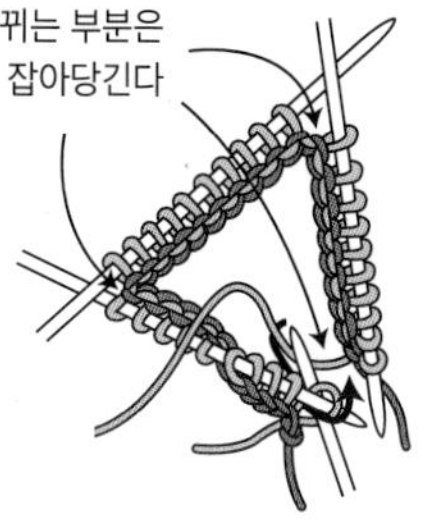

바늘이 바뀌는 부분은 실을 세게 잡아당긴다

뜨개 기호

│	겉뜨기	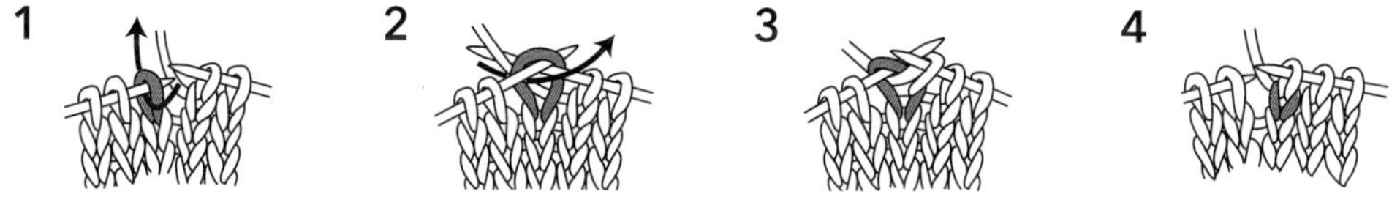 1 · 2 · 3 · 4

─	안뜨기	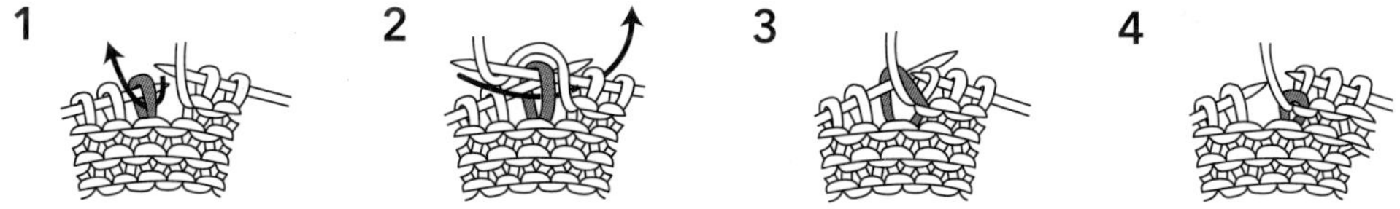 1 · 2 · 3 · 4

人	왼코 위 2코 모아뜨기	 1 · 2 · 3

入	오른코 위 2코 모아뜨기	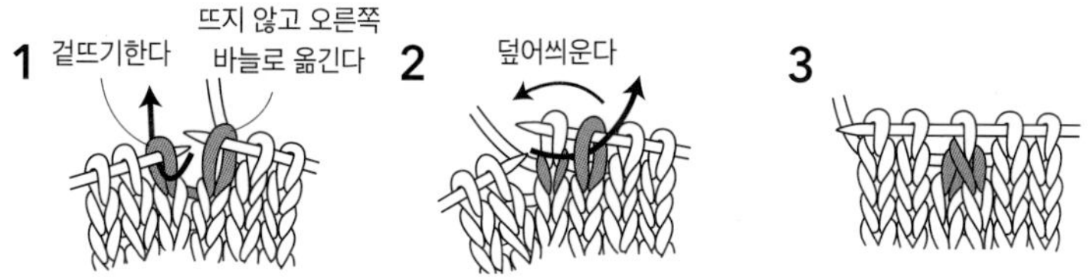 1 겉뜨기한다 / 뜨지 않고 오른쪽 바늘로 옮긴다 2 덮어씌운다 3

ㅅ	왼코 위 2코 모아뜨기(안뜨기)	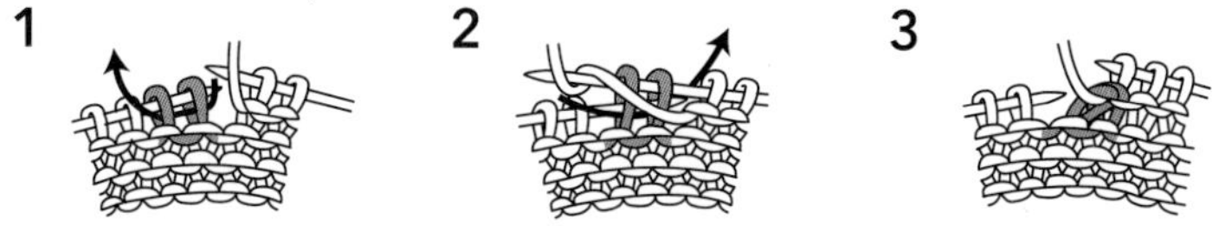 1 · 2 · 3

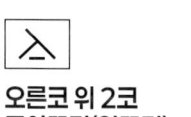
오른코 위 2코 모아뜨기(안뜨기)

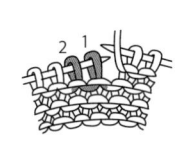 1 1과 2 위치를 바꿉니다.
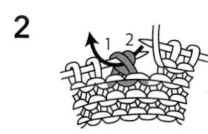 2 화살표처럼 바늘을 넣어서 안뜨기합니다.
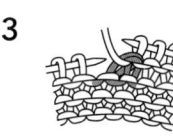 3

왼코 위 3코 모아뜨기

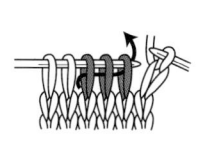 1
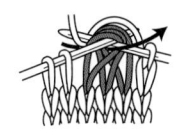 2
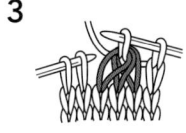 3

※ 木 는 ①에서 1·2·3·4 모든 코에 화살표처럼 바늘을 넣어서 같은 방법으로 뜬다.

| 오른코 위 3코 모아뜨기 | **1** 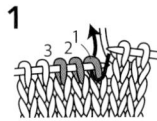 1의 코에 오른쪽 바늘을 화살표처럼 넣어서 오른쪽 바늘로 옮깁니다. | **2** 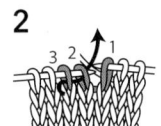 2와 3의 코에 오른쪽 바늘을 화살표처럼 넣어서 왼코 위 2코 모아뜨기합니다. | **3** 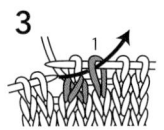 오른쪽에 옮겨 놓은 1의 코에 왼쪽 바늘을 화살표처럼 넣습니다. | **4** 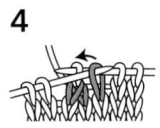 왼코 위 2코 모아뜨기한 코에 1의 코를 화살표처럼 덮어씌웁니다. | **5** 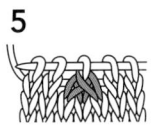 오른쪽 코가 제일 위에 오는 오른코 위 3코 모아뜨기를 완성했습니다. | 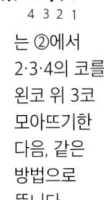 ※ 는 ②에서 2·3·4의 코를 왼코 위 3코 모아뜨기한 다음, 같은 방법으로 뜹니다. |

| 왼코 위 3코 모아뜨기(안뜨기) | **1**  | **2**  | **3**  |

| 오른코 위 3코 모아뜨기(안뜨기) | **1** 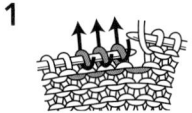 오른쪽 바늘을 화살표처럼 각각 안쪽에서 바깥쪽으로 넣어서 뜨지 않고 오른쪽 바늘로 옮깁니다. | **2** 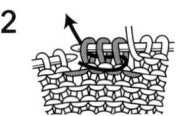 뜨지 않고 옮긴 3코에 왼쪽 바늘을 화살표처럼 오른쪽부터 넣어서 왼쪽 바늘로 옮깁니다. | **3** 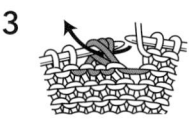 오른쪽 바늘을 화살표처럼 넣어서 세 개의 코를 한꺼번에 안뜨기합니다. | **4** 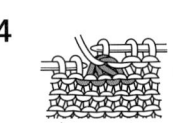 오른쪽 코가 제일 위에 오는 오른코 위 3코 모아뜨기(안뜨기)를 완성했습니다. |

| 중심 3코 모아뜨기 | **1** 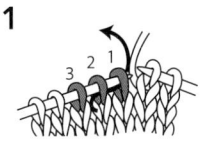 1·2의 코에 화살표처럼 오른쪽 바늘을 왼쪽에서 넣어서 뜨지 않고 코를 옮깁니다. | **2** 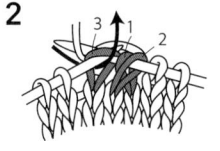 3의 코를 겉뜨기합니다. | **3** 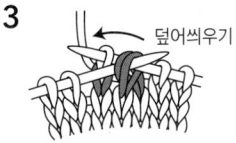 오른쪽으로 옮긴 1·2의 코를 3의 코에 덮어씌웁니다. | **4**  가운데 코가 가장 위에 오는 중심 3코 모아뜨기를 완성했습니다. |

| 걸기코(바늘비우기) | **1**  | **2** 걸기코 |

| 겉뜨기 코 만들기(3코) 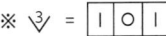 | **1**  겉뜨기를 합니다. | **2**  왼쪽 바늘에서 코를 빼지 않은 채로 오른쪽 바늘에 걸기코를 합니다. | **3** 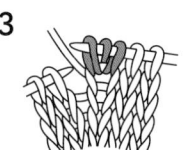 오른쪽 바늘을 같은 코에 다시 한번 넣어서 겉뜨기하고 왼쪽 바늘에서 코를 빼냅니다. |

※돌려뜨기와 돌려뜨기로 코 늘리기는 같은 기호로 표시합니다. 뜨는 법 도안에서 코가 늘면 돌려뜨기로 코 늘리기, 늘지 않으면 돌려뜨기입니다.

ℚ 돌려뜨기

1
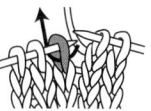

2

앞단의 코가 꼬이도록 바늘을 넣어서 겉뜨기합니다.

ℚ 돌려뜨기(안뜨기)

1

2

앞단의 코가 꼬이도록 바늘을 넣어서 안뜨기합니다.

ℚ 돌려뜨기로 코 늘리기

앞단에 가로로 걸친 실을 끌어올려서 꼬이도록 바늘을 넣고 겉뜨기합니다.

ℚ 돌려뜨기로 코 늘리기(안뜨기)

앞단의 가로로 걸친 실을 끌어올려서 꼬이도록 바늘을 넣고 안뜨기합니다.

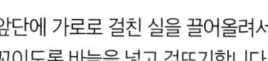

57페이지에서 과정 사진과 함께 설명합니다.

∨ 걸러뜨기

가장자리 코의 경우

1
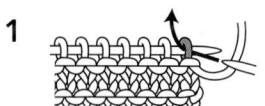

2
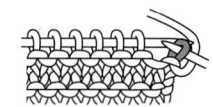

오른쪽 바늘을 화살표처럼 왼쪽 바늘에 걸린 코에 넣어 뜨지 않고 옮깁니다.

실을 바깥쪽으로 넘기고 다음 코를 뜹니다.

중간 코의 경우

1
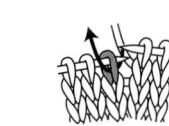

2

오른쪽 바늘을 화살표처럼 왼쪽 바늘에 걸린 코에 넣어 뜨지 않고 옮깁니다.

옮긴 코의 바깥쪽에 실이 걸쳐진 걸러뜨기를 완성했습니다.

ω 감아코

1
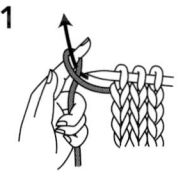

2

3
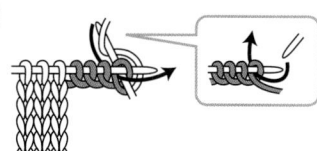

왼쪽 가장자리에서 왼손 손가락으로 실을 화살표처럼 감아 올리고 손가락에서 실을 빼내서 당깁니다. 대바늘에 감긴 코를 뜨개 바탕 쪽으로 밀어 넣습니다.

다음 단의 첫코는 그림처럼 뜹니다.

오른쪽으로 빼낸 매듭뜨기(3코일 때)

※ 는 ①에서 6의 코 왼쪽에 바늘을 넣어서 같은 방법으로 뜨는데 ③에서는 겉뜨기 1코·안뜨기 2코·겉뜨기 2코를 합니다.

1
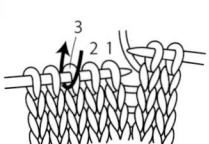

3의 코 왼쪽에 화살표처럼 오른쪽 바늘을 넣어서 겉뜨기하듯이 실을 걸어서 빼냅니다.

2

빼낸 실을 왼쪽 바늘에 걸고, 1의 코와 왼코 위 2코 모아뜨기를 합니다.

3
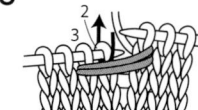

2·3의 코를 겉뜨기합니다.

왼코 늘려뜨기

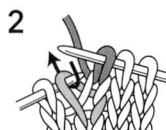

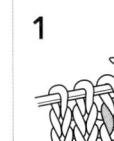

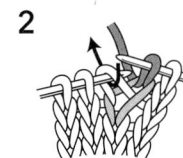 오른코 늘려뜨기

1코 증가한다

 왼코 위 돌려 교차뜨기(안뜨기)

꽈배기바늘

1의 코를 꽈배기바늘로 옮긴 다음 뜨개 바탕 뒤쪽에 쉼코해 둡니다.

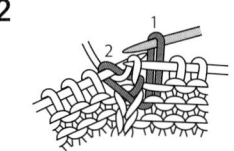

2의 코를 돌려뜨기합니다.

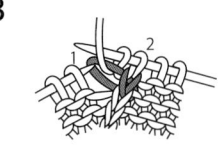

1의 코를 안뜨기합니다.

 오른코 위 돌려 교차뜨기(안뜨기)

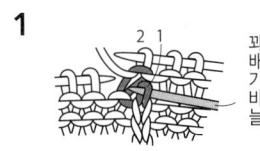

꽈배기바늘

1의 코를 꽈배기바늘로 옮긴 다음 안쪽에 쉼코해 두고 2의 코를 안뜨기합니다.

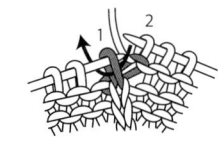

1의 코를 돌려뜨기합니다.

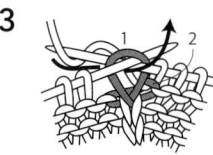

1의 코를 안뜨기합니다.

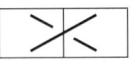 왼코 위 교차뜨기

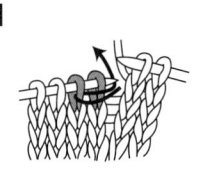

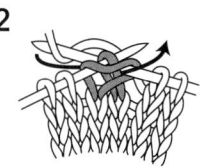

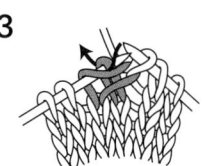

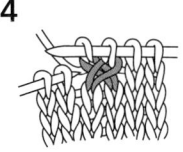

 오른코 위 교차뜨기

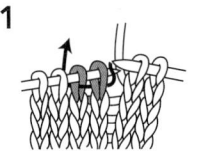

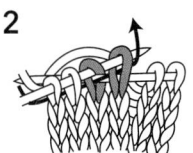

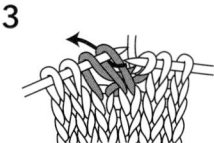

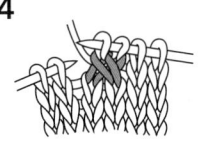

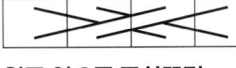 왼코 위 2코 교차뜨기

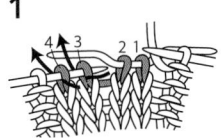

1·2의 코를 꽈배기바늘로 옮겨서 뜨개 바탕 뒤쪽에 쉼코해 둡니다.

3·4 순서로 겉뜨기합니다.

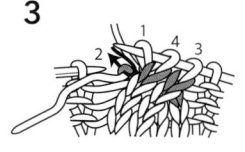

꽈배기바늘에 쉼코해 둔 코를 1·2 순서로 겉뜨기합니다.

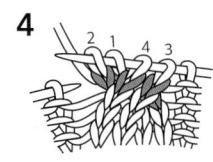

왼코 위 2코 교차뜨기를 완성했습니다.

 오른코 위 2코 교차뜨기

1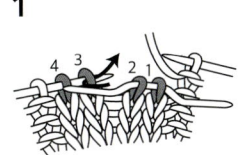
1·2의 코를 꽈배기바늘로 옮겨서 안쪽에 쉼코해 둡니다.

2
3·4 순서로 겉뜨기합니다.

3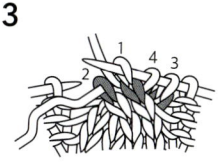
꽈배기바늘에 쉼코해 둔 코를 1·2 순서로 겉뜨기합니다.

4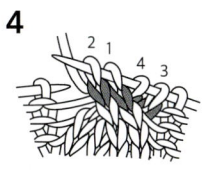
오른코 위 2코 교차뜨기를 완성했습니다.

교차뜨기의 응용
교차뜨기는 3코 넘게 교차할 때도 있습니다. 같은 콧수를 서로 교차한다고 단정할 수 없습니다. 1코와 2코를 교차하거나 한쪽이 안뜨기인 경우도 있고 때로는 돌려뜨기하기도 하면서 다양하게 응용합니다. 기호의 선이 위인지 아래인지 파악한 뒤 그 기호가 나타내는 대로 떠야 합니다.

예) 실선 방향이 위로 오는 코입니다
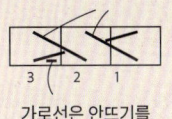
가로선은 안뜨기를 나타냅니다.

1·2의 코를 꽈배기바늘로 옮겨서 안쪽에 쉼코해 두고 먼저 3의 코를 안뜨기합니다. 다음에 쉼코해 둔 1·2의 코를 순서대로 겉뜨기합니다.

안면에 실을 가로로 걸치는 배색무늬뜨기

바탕실로 뜰 때는 배색실을, 배색실로 뜰 때는 바탕실을 뜨개 바탕 안면에 걸치면서 뜹니다. 안면에 걸치는 실이 너무 당겨지거나 느슨해지지 않도록 장력을 조절하면서 뜹니다.

1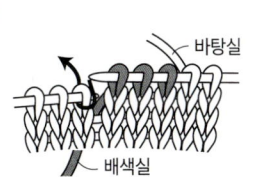
바탕실을 쉬어 두고 배색실로 뜹니다. 화살표처럼 바늘을 넣고 쉬어 둔 바탕실로 뜹니다.

2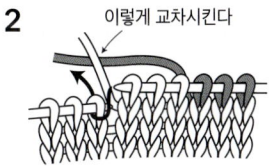
바탕실로 필요한 콧수만큼 뜬 다음 배색실로 바꿔서 뜹니다. 이때 그림처럼 교차시킵니다.

3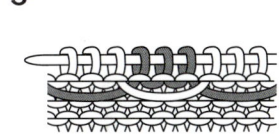
안면은 이렇게 실이 걸쳐진 상태가 됩니다.

배색무늬뜨기의 실을 안면에 5코 넘게 걸치게 될 때는…
실을 길게 걸치면 입을 때 걸리기 쉽습니다. 뜨는 중간에 걸치는 실을 중간중간 1번씩 교차해 놓으면 걸치는 실이 잘 걸리지 않습니다.

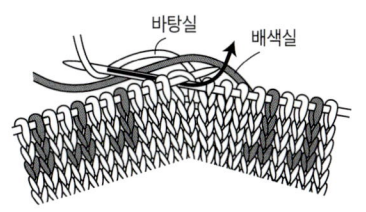
배색실을 그림처럼 교차시켜 바탕실로 뜹니다.

줄무늬 뜰 때 실 바꾸는 방법

1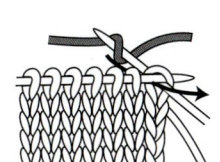

2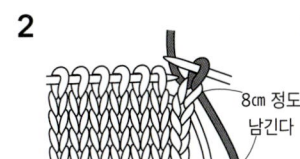
8㎝ 정도 남긴다

3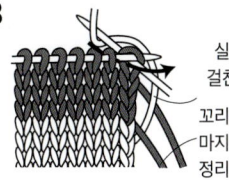
실을 걸친다
꼬리실은 마지막에 정리한다

되돌아뜨기

남기고 뜨기의 되돌아뜨기

58페이지에서 과정 사진과 함께 설명합니다.

왼쪽

(왼쪽 되돌아뜨기는 겉면을 보고 뜨는 단에서 코를 남깁니다)

【예】
4단평
2-4-3 되돌아뜨기
단코회

오른쪽

(오른쪽 되돌아뜨기는 안면을 보고 뜨는 단에서 코를 남깁니다)

【예】
4단평
2-4-3 되돌아뜨기
단코회

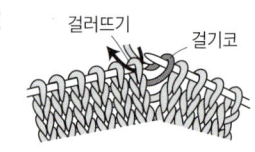

1 겉면을 보고 뜨는 단의 마지막에 가장자리 4코를 남깁니다.

2 안면이 보이도록 뒤집어서 걸기코를 하고 1코 걸러뜨기한 다음 남은 코는 그대로 뜨개를 진행합니다.

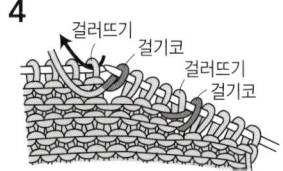

1 안면을 보고 뜨는 단의 마지막에 가장자리 4코를 남깁니다.

2 겉면이 보이도록 뒤집어서 걸기코를 하고 1코 걸러뜨기한 다음 나머지는 그대로 뜨개를 진행합니다.

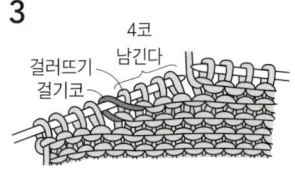 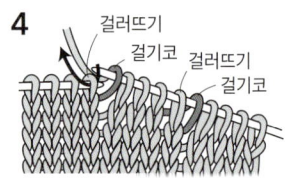

3 겉면이 보이도록 뒤집어서 다음 단을 뜹니다. 단 마지막에 앞단의 걸러뜨기 코를 포함해 4코를 남깁니다.

4 ②·③을 반복합니다.

3 안면이 보이도록 뒤집어서 다음 단을 뜹니다. 단 마지막에는 앞단의 걸러뜨기를 포함해 4코를 남깁니다.

4 ②·③을 반복합니다.

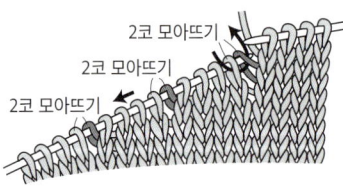

5 단 정리를 합니다. 걸기코와 다음 코를 2코 모아뜨기합니다.

5 단 정리를 합니다. 걸기코와 왼쪽 코를 바꿔 끼워서 2코 모아뜨기합니다.

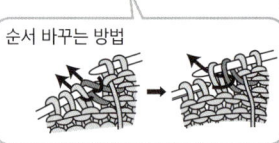

순서 바꾸는 방법

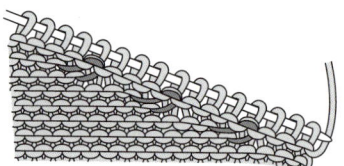

6 완성한 모습을 안면에서 본 그림입니다.

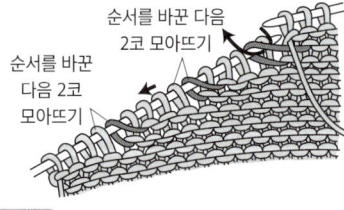

6 완성한 모습을 안면에서 본 그림입니다.

뜨면서 되돌아뜨기

53페이지에서 사진과 함께 설명합니다.

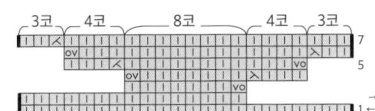

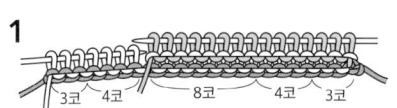

1

2단에서 7코를 남깁니다.

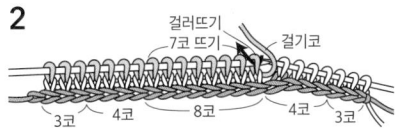

2

겉면이 보이도록 뒤집어서 걸기코를 하고 1코 걸러 뜨기한 다음 7코를 겉뜨기합니다.

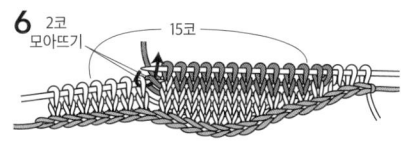

3

안면이 보이도록 뒤집어서 걸기코 후, 1코 걸러뜨기 합니다.

4

계속해서 안뜨기를 11코 뜹니다. 중간에 걸기코는 왼쪽 코와 순서를 바꿔서 끼운 다음 2코 모아뜨기합니다.

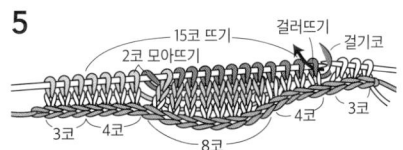

5

겉면이 보이도록 뒤집어서 걸기코를 하고 1코 걸러 뜨기한 다음 계속해서 겉뜨기를 15코 합니다.

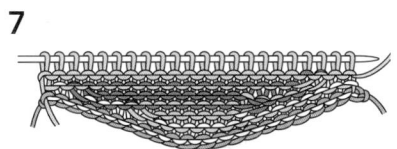

6

중간에 걸기코는 왼쪽 코와 순서를 바꿔 끼운 다음 2코 모아뜨기합니다.

7

완성한 모습을 안면에서 본 모습입니다.

덮어씌워 코막음

 덮어씌우기하는 길이보다 4~5배의 실이 필요합니다.

코바늘을 사용해 덮어씌우는 방법

1코씩 코바늘로 옮긴 다음 실을 걸어서 한꺼번에 빼냅니다.

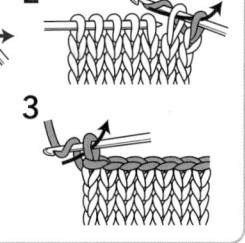

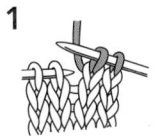

1

2코를 뜹니다.

2

첫코에 왼쪽 바늘을 넣어서 두 번째 코에 덮어씌웁니다.

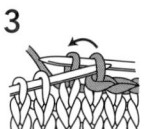

3

'1코 떠서 앞 코에 덮어씌우기'를 반복합니다.

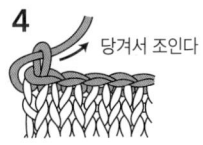

4

마지막 코에 실을 통과시킨 다음, 조입니다.

코바늘뜨기

기초코

원형으로 만드는 기초코

※첫단을 짧은뜨기로 뜨는 방법을 설명했습니다.

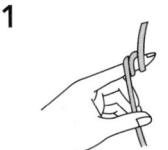

1

손가락에 실을 2번 감습니다.

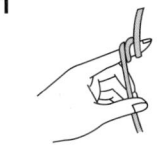

2

원 가운데에 코바늘을 넣고 실을 걸어서 빼냅니다.

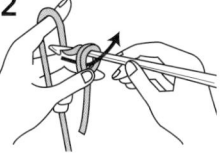

3

바늘에 실을 걸어서 화살표 처럼 빼냅니다.

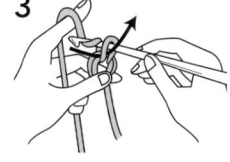

4

첫단의 기둥코 사슬을 만들었으면 원 가운데에 바늘을 넣고 실을 걸어서 화살표처럼 빼낸 다음 짧은뜨기합니다.

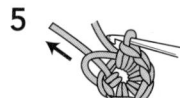

5

필요한 콧수만큼 원에 넣어서 만들었다면 꼬리실을 잡아당겨 움직이는 고리를 당긴 후, 원 하나를 조입니다.

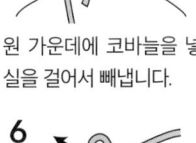

6

꼬리실을 당겨서 다른 원도 조입니다.

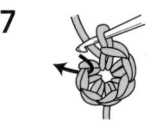

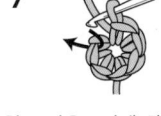

7

첫코 짧은뜨기에 화살표처럼 바늘을 넣어서 빼뜨기합니다.

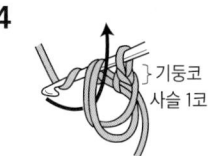

뜨개 기호

 사슬뜨기

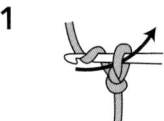
1. 실을 걸어서 빼냅니다.

2. 사슬 1코를 떴습니다. 같은 방법을 반복합니다.

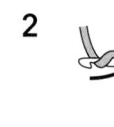

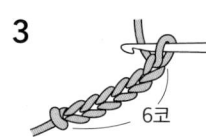
3. 사슬 6코를 완성했습니다.

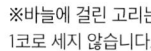
※바늘에 걸린 고리는 1코로 세지 않습니다.

 빼뜨기

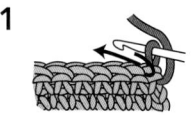
1. 화살표처럼 바늘을 넣고 실을 겁니다.

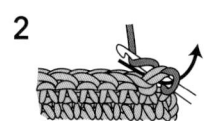
2. 한꺼번에 빼냅니다.

 짧은뜨기

1. 기둥코 사슬 1코

2.

3.

4.

한길긴뜨기

1. 기둥코 사슬 3코 / 토대코

2.

3.

4.

5.

짧은 2코 늘려뜨기

1. 짧은뜨기 1코를 뜹니다.

2. 같은 코에 한 번 더 짧은뜨기를 1코 뜹니다.

3.

 한길긴 3코 구슬뜨기

 ※ 의 경우, 사슬 3코와 미완성 한길긴뜨기 4코를 떠서 바늘에 걸린 고리를 한꺼번에 빼냅니다.

※'미완성'이란 마지막 한 번만 빼내면 뜨개코(짧은뜨기나 한길긴뜨기 등)가 완성되는 상태를 가리킵니다.

1. 앞단의 같은 코에 미완성 한길긴뜨기를 3코 뜹니다.

2.

3.

4. 한꺼번에 빼냅니다.

스레드 코드

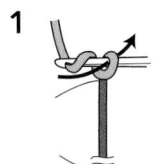
1. 꼬리실은 완성 길이의 3배 정도를 남겨 둡니다.

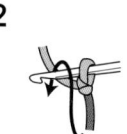
2. 꼬리실을 바늘 안쪽에서 바깥쪽으로 겁니다.

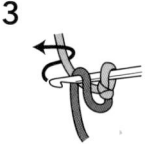
3. 바늘에 실을 겁니다.

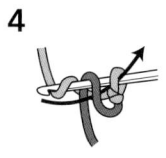
4. 한꺼번에 빼냅니다.

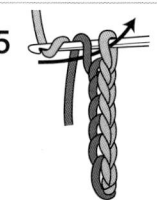
5. ②~④를 반복합니다.

기타 기법
단추 다는 법

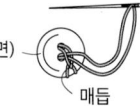
단추(안면)
매듭

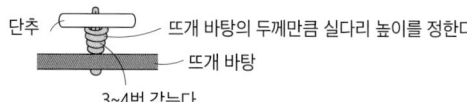
단추
뜨개 바탕의 두께만큼 실다리 높이를 정한다.
뜨개 바탕
3~4번 감는다

TOP DOWN KNIT

Styled in Hand Knits

TOP DOWN KNIT 01

스트라이프 풀오버

래글런 소매의 스트라이프 풀오버.
꿰매기·잇기를 하지 않고 이어서
뜨는 것이 탑다운 니트의 매력!
기장과 소매 길이도 자유자재로!

꿰매기·잇기가 없어서 요크 주변의 배색 이음매가 자연스럽다.

STRIPE FULLOVER

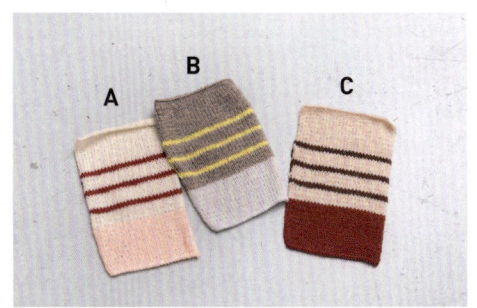

나만의 색을 조합해보는 재미가 쏠쏠하다. 배색표→P.51

밑단도 소매도, 마음에 드는 길이로 떠 보세요!

목부터 둥글게 둥글게 뜨고…

계속해서 몸판도 둥글게 둥글게…

한쪽 소매를 완성한 모습.

뜨는 법(과정 사진과 해설) P.49
실 하마나카 아메리
디자인 히사도미 모토코

스트라이프 베스트

어깨 부분만 늘림코로 경사를 만들고 몸판은 증감 없이 직선으로 쭉 내려가면서 뜨는 베스트.
2단마다 색을 바꿔가며 넣은 촘촘한 스트라이프 무늬가 코디에 자연스럽게 포인트가 되어줍니다.

뜨는 법 P.61
실 하마나카 아란 트위드
디자인 가와이 마유미
제작 세키야 사치코

부드러운 어깨 라인으로 실루엣을 우아하게 마무리했습니다.

STRIPE VEST

바지 PLANTGAUGE

TREE PATTERN PULLOVER

뜨는 법 P.62
실 하마나카 카미나 탬
디자인 가와지 유미코
제작 우에다 스즈

치마_Pont de Chalons(MIIKE GRAY)

TOP DOWN
KNIT 03

트리 패턴 풀오버

둥근 요크 부분에 나뭇잎 무늬가 퍼져나가는 풀오버.
무늬가 두드러지도록 돌려 교차뜨기했습니다.
따스함이 전해지는 진한 겨자색을 골랐습니다.

TOP DOWN
KNIT 04

바스켓 패턴 풀오버

몸판과 소매 전체에 배치한 바스켓 패턴이
눈길을 사로잡습니다.
래글런으로 이어지는 라인을 자연스럽게
뜨면서 진행하는 것은 탑다운 니트만
할 수 있는 테크닉입니다.

옆트임 덕분에 깔끔하게 코디를 마무리할 수 있습니다.

BASKET PATTERN PULLOVER

뜨는 법 P.65
실 하마나카 모스모스
디자인 다케다 아쓰코

TOP DOWN
KNIT
05

배색 풀오버

민트초코 같은 이미지로 디자인한 배색 풀오버.
스트레이트 얀과 모헤어를 합사해서 떴더니
매력이 한층 더해져서 멋집니다.

뜨는 법 P.70
실 하마나카 아메리
하마나카 모헤어
디자인 오카 마리코
제작 미즈노 준

BICOLOR PULLOVER

풍성한 볼륨이 느껴지는 소매와 라인이 포인트.

딸기 우유 같은 트위드 얀.

갈색은 자연스러우면서도 차분한 분위기.

GARTER STITCH CARDIGAN

가터뜨기 카디건

심플한 가터뜨기 카디건은 좋아하는 기장으로 마무리할 수 있어요.
06은 긴 기장으로 조금 어른스럽게,
07은 짧은 기장으로 캐주얼한 분위기를 연출했습니다.

뜨는 법 P.76
실 하마나카 아란 트위드
디자인 Knitting.RayRay

TOP DOWN
KNIT
08

지그재그 무늬
배색 풀오버

남색, 하얀색, 회색 3가지 색으로
연출한 노르딕풍 지그재그 무늬가
눈길을 사로잡는 니트입니다.
목에서 요크로 이어지는 아름다운 무늬에
뜨면서도 마음이 설레는 디자인입니다.

바지_ANTGAUGE

뜨는 법 P.80
실 하마나카 아메리
디자인 우노 지히로

세로줄무늬로 시작해서

요크를 따라 선명하게 퍼져가는 지그재그 무늬를 완성.

계속해서 몸판을 떠내려가서…

LILY OF THE VALLEY FULLOVER

10 치마_Pont de Chalons(MIKE GRAY)

은방울꽃무늬 배색 풀오버

둥근 요크 부분에 나란히 놓인 은방울꽃 모티프의 배색무늬가 사랑스러운 풀오버입니다.
09는 2가지 색의 짧은 기장으로, 10은 5가지 색의 스탠더드한 기장으로 디자인했습니다.
배색과 기장을 바꾸기만 해도 분위기가 확 달라져서 뜨는 재미가 있어요.

뜨는 법 P.84
실 하마나카 아메리
디자인 간노 나오미

복슬복슬한 루프 안에 마음이 편안해져…

통통 튀는 주황색으로 포인트를!

뜨는 법 P.87
실 하마나카 소노모노 알파카 부클레
하마나카 아메리
디자인 Tororino

TOP DOWN KNIT 11

루프 얀으로 뜨는 풀오버

몸판과 소매에는 복슬복슬한 루프 얀, 목둘레와 소맷부리에는
주황색 스트레이트 얀을 배치했습니다. 낙낙한 사이즈로 세련된 분위기를 연출해 보세요.

LOOP YARN FULLOVER

데님_ANTGAUGE

어깨 둘레를 따라 이어지는 무늬가
우아한 인상을 주는 니트. 릴리 얀으로
포근하고 가볍게 완성!

ARAN PATTERN FULLOVER

TOP DOWN
KNIT
12

아란 무늬 풀오버

꽈배기와 허니콤을 교대로 배치한 아란 무늬 풀오버.
가장 인기가 많으면서도 디자인이 심플해서 오랫동안 입을 수 있는 효도 아이템.

뜨는 법 P.90
실 하마나카 소노모노
알파카 릴리
디자인 가와이 마유미
제작 호리구치 미유키

TOP DOWN
KNIT 13

프릴 달린 풀오버

요크 부분에 비침무늬와 버블을 조합해 풍성한 프릴을 단 풀오버. 사랑스러운 디자인이라 데님과 코디하면 여성스러움과 세련미를 조화롭게 즐길 수 있는 인기 아이템입니다.

뜨는 법 P.93
실 하마나카 아메리 F《합태》
하마나카 모헤어
디자인 가와지 유미코
제작 쓰치다 사토미

FRILLED FULLOVER

데님_ANTGAUGE

스모킹 무늬 풀오버

요크에 배치한 셔링 같은 스모킹 무늬가 은은하게 포인트가 됩니다.
폭신폭신한 모헤어 질감의 실로 떠서 무척 가볍고 따뜻합니다.

TOP DOWN KNIT 14

TOP DOWN
KNIT 15

14 원피스_Pont de Chalons(MIKE GRAY)
15 바지_ANTGAUGE

SMOCKING PATTERN FULLOVER

뜨는 법 P.96
실 하마나카 소노모노 헤어리
디자인 다케다 아쓰코
제작 아사코

14는 소맷부리를 조여서 퍼프 소매로,
15는 소맷부리로 갈수록 코를 줄이며 긴소매로.

TOP DOWN KNIT 16

비침무늬 풀오버

목부터 니트 전체에 배치한 비침무늬가 아름다운 풀오버.
다양한 색이 섞인 듯한 매력적인 그러데이션 실로 떠서
다양한 분위기로 연출 가능한 니트가 완성됐습니다.

뜨는 법 P.100
실 하마나카 소노모노
탑시(topsy)
디자인 오카 마리코
제작 우치우미 리에

데님_ANTGAUGE

TOP DOWN
KNIT
17

비침무늬 짧은 카디건

우아하게 퍼져 나가는 비침무늬로
뜨기가 즐거운 카디건입니다.
스모키한 분홍색은 부드러운 분위기를
자아냅니다.
소매와 밑단 길이는 취향에 따라
길게 떠도 멋집니다.

뜨는 법 P.104
실 하마나카 모스모스
디자인 오카모토 마키코

LACE PATTERN SHORT CARDIGAN

블라우스_Pont de Chalons(MIIKE GRAY) 바지_ANTGAUGE

TOP DOWN KNIT 18

플레어 베스트

등 부분이 자연스럽게 퍼져나가는 실루엣이 돋보이는 베스트입니다. 앞몸판은 심플하게 마무리했습니다. 개성 넘치는 파란색으로 품격 있는 분위기를 연출했습니다.

블라우스 Pont de Chalons(MIIKE GRAY) 바지 ANTGAUGE

뜨는 법 P.108
실 하마나카 모스모스
디자인 마쓰모토 에이코

세 줄 꽈배기에서 자연스럽게 이어지는 주름이 신선한 느낌을 준다.

How to Make

이 책에서 사용한 실

a. 하마나카 아메리
울 70%(뉴질랜드 메리노), 아크릴 30%

| 1볼 40g(약 110m) | 모두 52색 | 대바늘 6~7호 |

b. 하마나카 아메리 F《합태》
울 70%(뉴질랜드 메리노), 아크릴 30%

| 1볼 30g(약 130m) | 모두 30색 | 대바늘 4~5호 |

c. 하마나카 카미나 탬
울 64%(방축 가공 울 사용), 폴리에스테르 36%

| 1볼 40g(약 138m) | 모두 8색 | 대바늘 6~7호 |

d. 하마나카 탑시(topsy)
폴리에스테르 54%, 아크릴 32%, 나일론 10%, 울 4%

| 1볼 30g(약 115m) | 모두 8색 | 대바늘 5~6호 |

e. 하마나카 아란 트위드
울 90%, 알파카 10%

| 1볼 40g(약 82m) | 모두 17색 | 대바늘 8~10호 |

f. 하마나카 소노모노 알파카 부클레
울 80%, 알파카 20%

| 1볼 40g(약 76m) | 모두 5색 | 대바늘 8~10호 |

g. 하마나카 모스모스
울 50%, 면 50%

| 1볼 25g(약 105m) | 모두 8색 | 대바늘 5~6호 |

h. 하마나카 모헤어
아크릴 65%, 모헤어 35%

| 1볼 25g(약 100m) | 모두 29색 | 대바늘 5~6호 |

i. 하마나카 소노모노 헤어리
알파카 75%, 울 25%

| 1볼 25g(약 125m) | 모두 6색 | 대바늘 7~8호 |

j. 하마나카 소노모노 알파카 릴리
울 80%, 알파카 20%

| 1볼 40g(약 120m) | 모두 5색 | 대바늘 8~10호 |

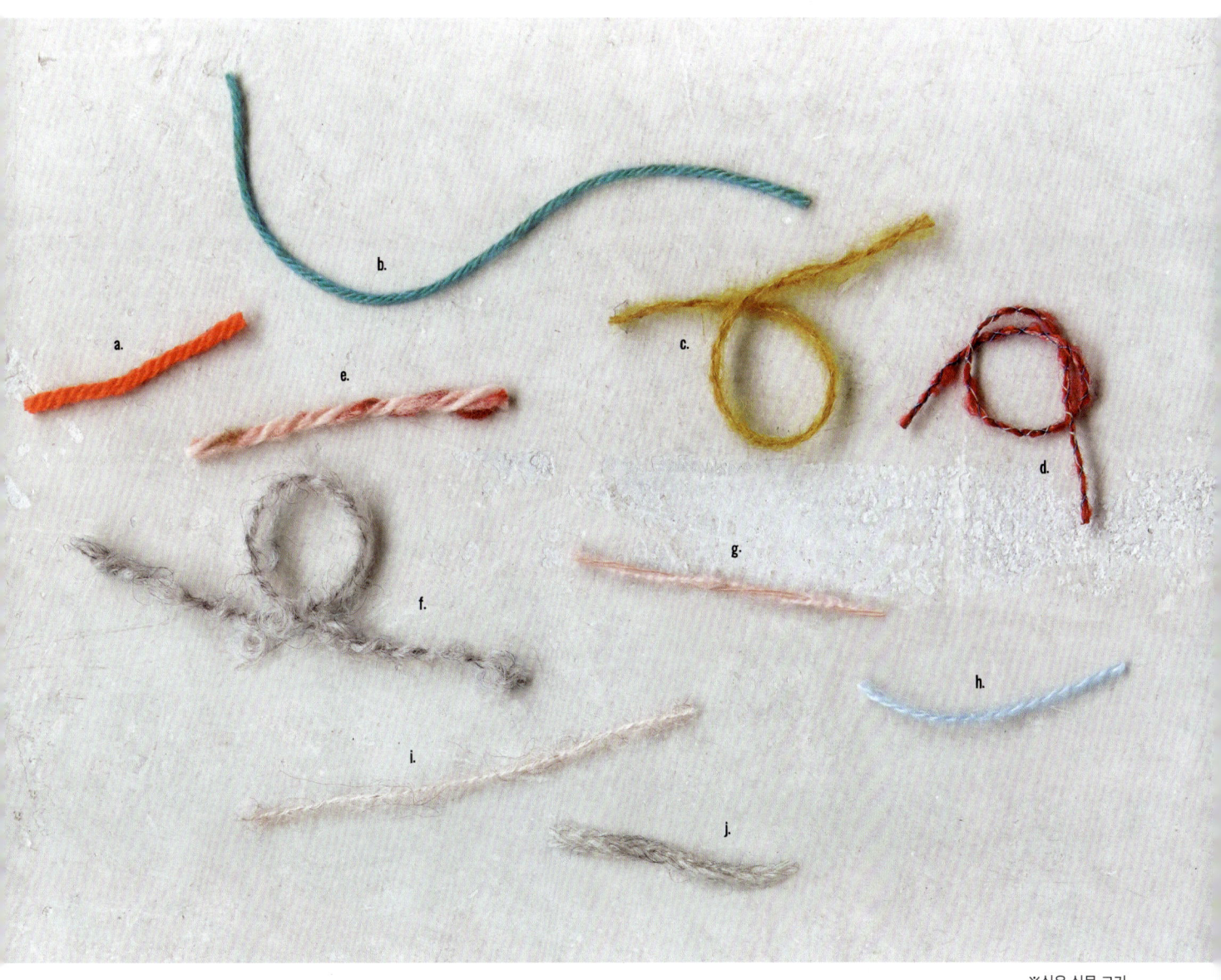

※실은 실물 크기

탑다운 니트 뜨는 법

TOP DOWN KNIT

목에서부터 밑단을 향해 뜨는 탑다운 니트를 만들어 보세요. 목부터 요크를 뜬 다음 코를 주우면서 앞뒤 몸판, 소매를 원형으로 뜨기 때문에 꿰매기·잇기할 필요가 없습니다. 또 목부터 뜨면 기장과 소매 길이를 쉽게 조절할 수 있습니다.

필요한 도구

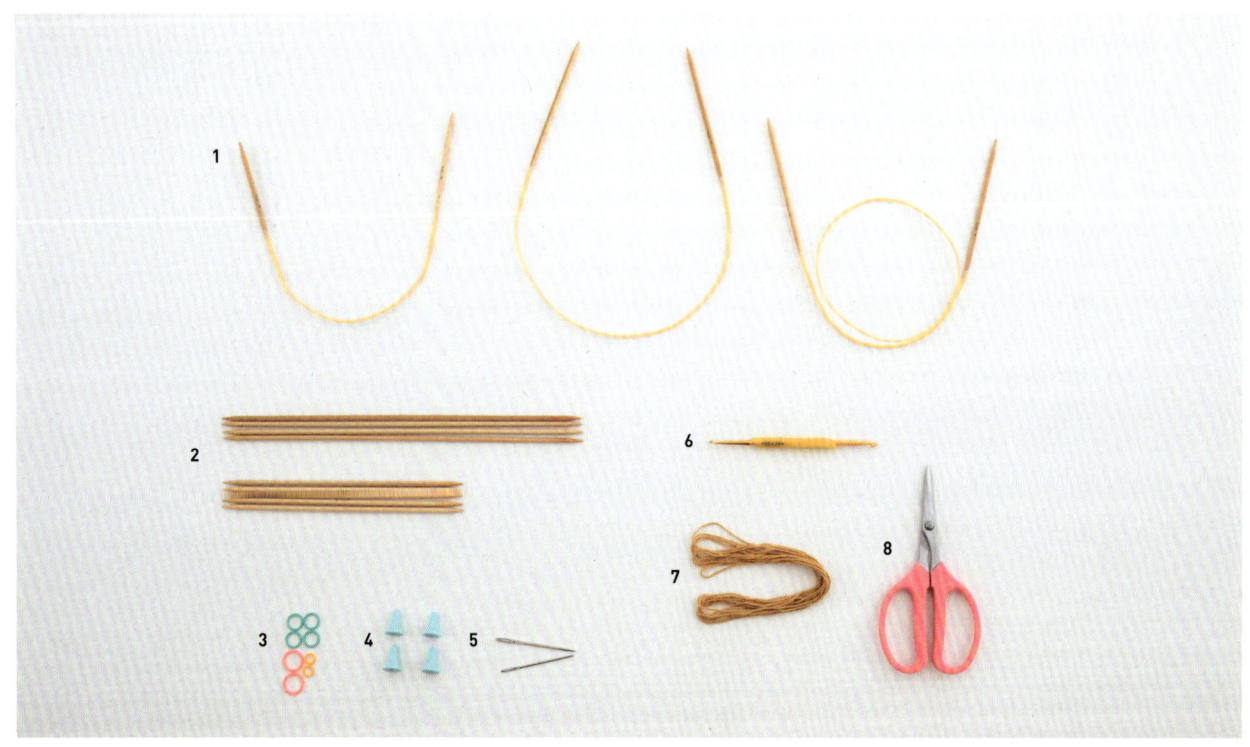

도구 제공: 하마나카 주식회사

1 줄바늘
바늘과 바늘을 줄로 연결한 형태의 대바늘로 원통뜨기할 때 적합합니다. 줄 길이는 40cm·60cm·80cm(호수에 따라서는 100cm)가 있습니다. 왕복뜨기할 때나 콧수가 많을 때는 코가 잘 빠지지 않아서 마음 편하게 뜰 수 있습니다. 작품 1단의 길이와 폭에 따라서 사용하기 편한 길이의 줄을 선택하시면 됩니다.

2 4·5개짜리 양면 바늘
넥라인이나 소맷부리처럼 둘레가 줄바늘 길이보다 짧은 부분을 뜰 때에 적합합니다.

3 단수링
단의 첫코와 마지막 코 사이에 끼워서 단의 경계를 표시하는 데에 사용합니다. 늘림코나 무늬가 시작하는 곳과 끝나는 곳에 끼워 반복되는 부분을 표시하기도 합니다.

4 대바늘 고무캡
대바늘 끝에 끼워서 뜨개코가 바늘에서 빠지지 않도록 막습니다.

5 돗바늘
실 정리에 사용합니다.

6 코바늘
기초코를 만들거나 옆선 사슬뜨기를 할 때 사용합니다.

7 부드러운 자투리 실(면사 등)
나중에 풀어낼 코를 뜨거나 쉼코할 때 사용합니다. 작품 뜨는 실과 같은 굵기의 다른 색 실을 사용하세요.

8 가위
수공예용 가위를 사용합니다.

01 스트라이프 풀오버　　P.18

사용 실 하마나카 아메리
레드(5) 195g・회색(22) 100g
아이보리(20) 20g
도구 도구 대바늘 7호(4.2mm), 5호(3.6mm)
(4・5개짜리 양면 바늘 또는 줄바늘)
코바늘 6/0호(옆선 코 만들기용)

게이지(10×10㎝) 메리야스뜨기 17코×25단
완성 크기 가슴둘레 109㎝, 총장(뒤판) 53.5㎝, 소매길이 약 68㎝
뜨는 법

1. 신축성 있는 코잡기로 기코초를 만들어서 1코 고무뜨기, 메리야스뜨기로 넥라인, 앞뒤 단차 A, 앞뒤 요크, 앞뒤 단차 B를 뜹니다.
2. 앞뒤 단차 B에서 코를 줍고, 옆선은 나중에 풀어낼 수 있도록 별실 코잡기를 만들어서 메리야스뜨기, 1코 고무뜨기로 앞뒤 몸판을 원통뜨기한 다음에 덮어씌워 코막음합니다.
3. 요크와 몸판에서 코를 주워서 메리야스뜨기, 1코 고무뜨기로 소매를 원통뜨기해서 덮어씌워 코막음합니다.

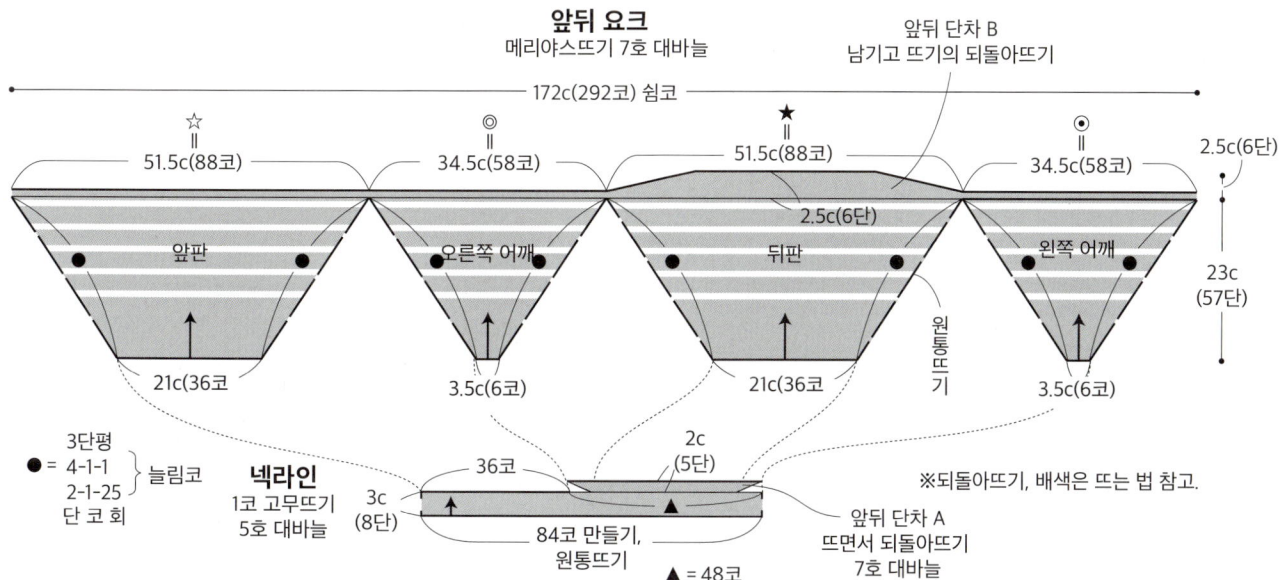

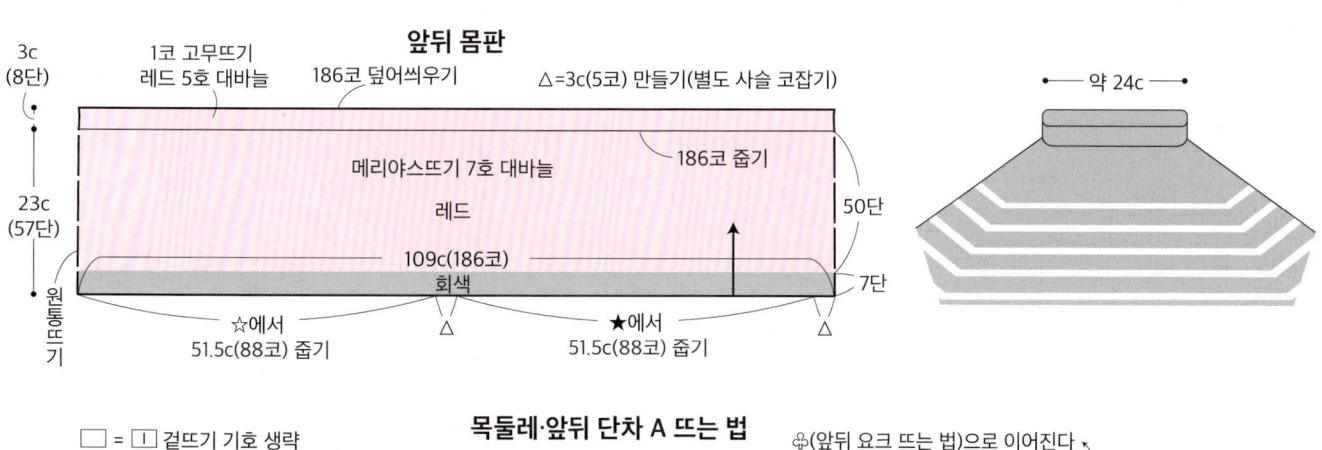

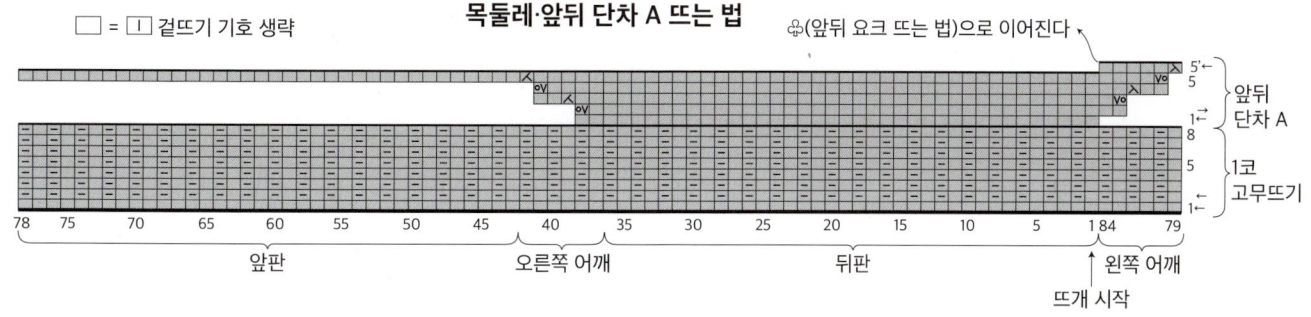

※다음 페이지로 이어집니다.

앞뒤 몸판 뜨는 법

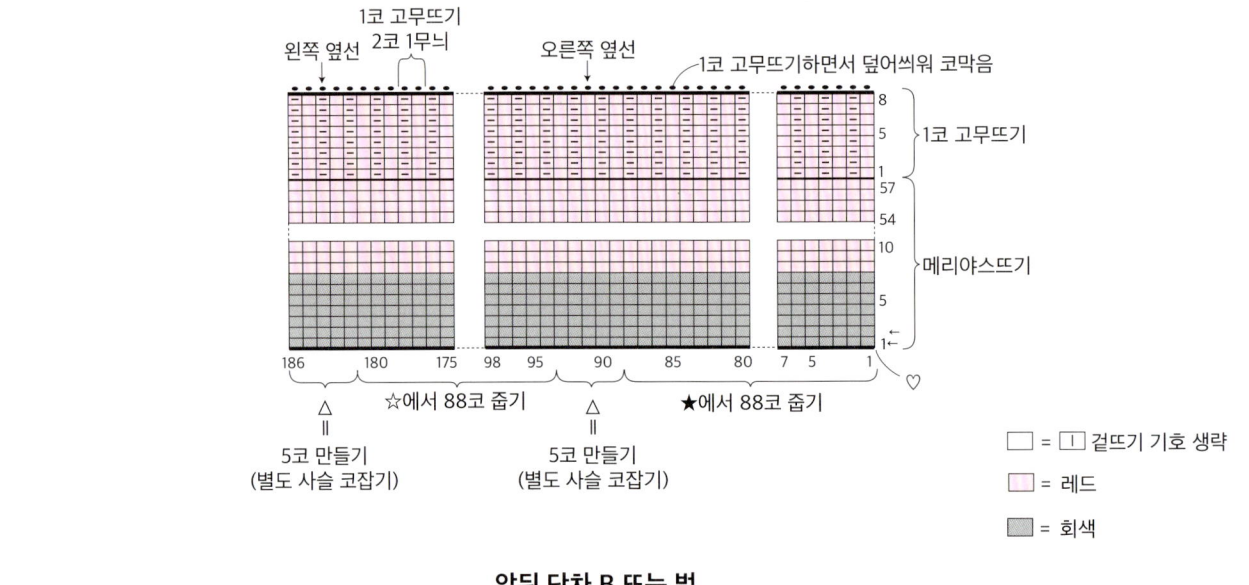

앞뒤 단차 B 뜨는 법

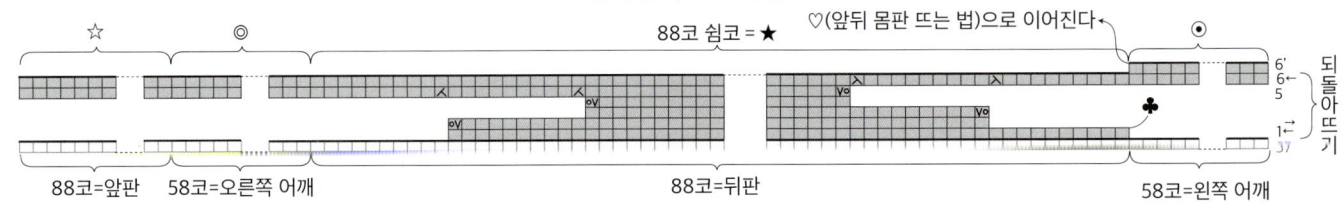

앞뒤 요크 뜨는 법

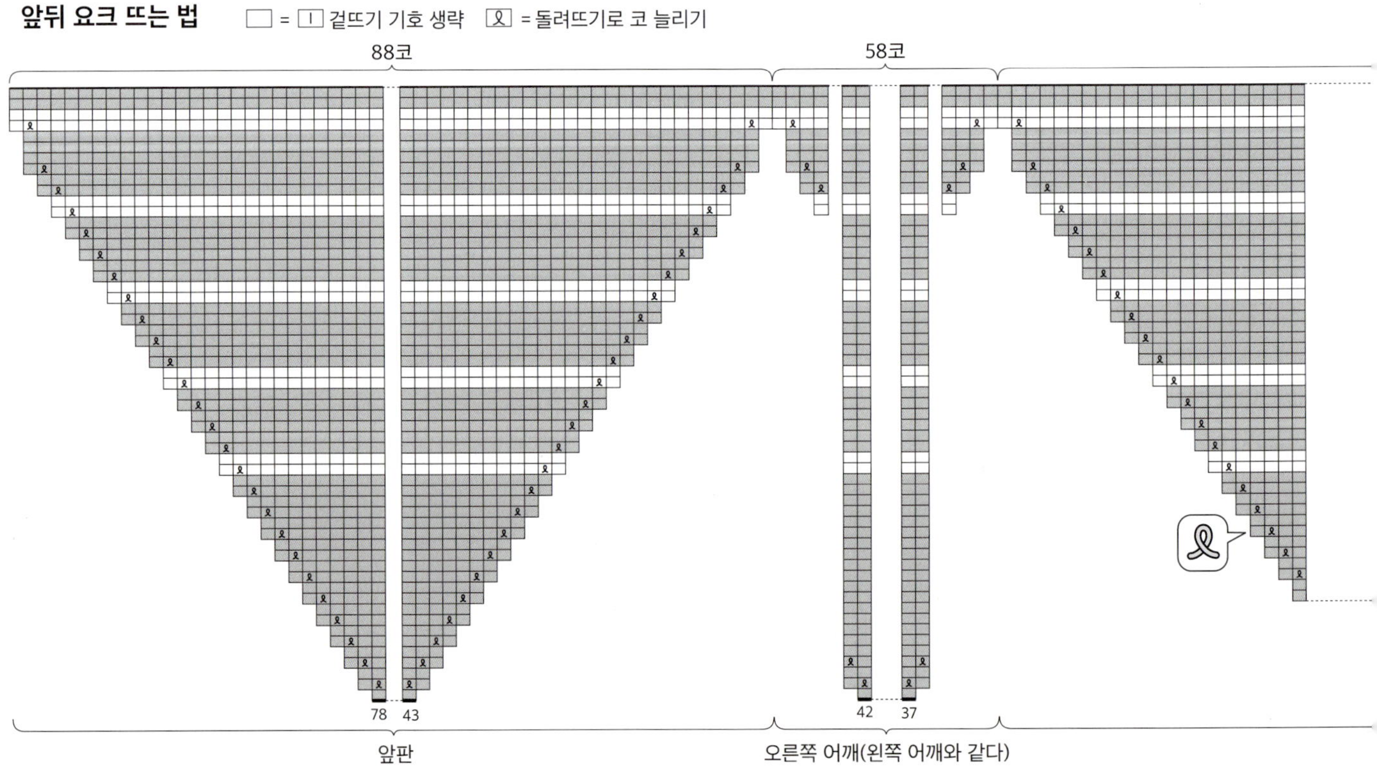

왼쪽 소매

※오른쪽 소매는 △·◎에서 코를 주워서 같은 방법으로 뜬다.

소매 뜨는 법

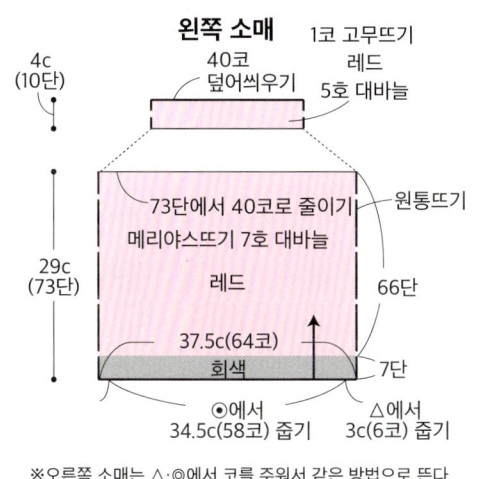

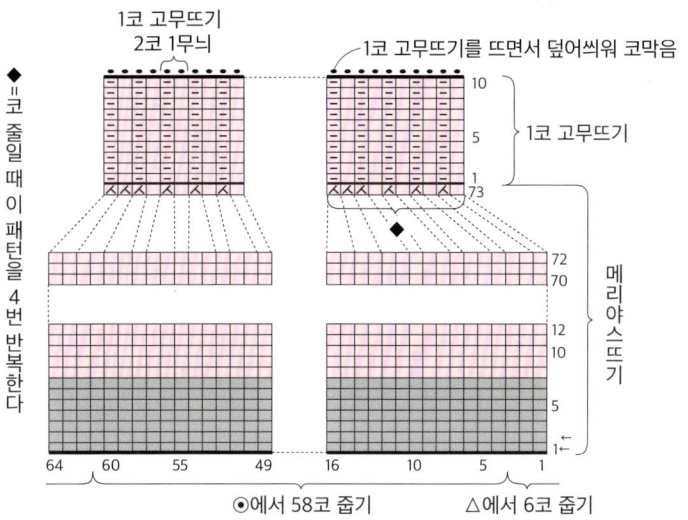

P.19 배색

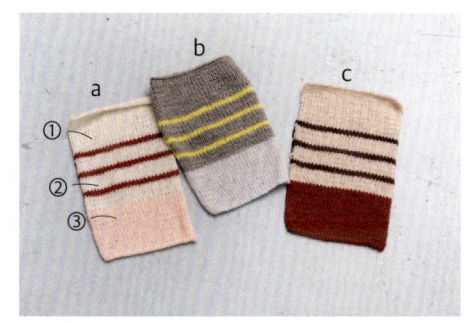

하마나카 아메리 ( ) 안은 색번호

	a	b	c
①	아이보리(20)	회색(22)	오트밀(21)
②	레드(5)	옐로우(25)	갈색(9)
③	파우더 핑크(56)	아이스(10)	딥레드(6)

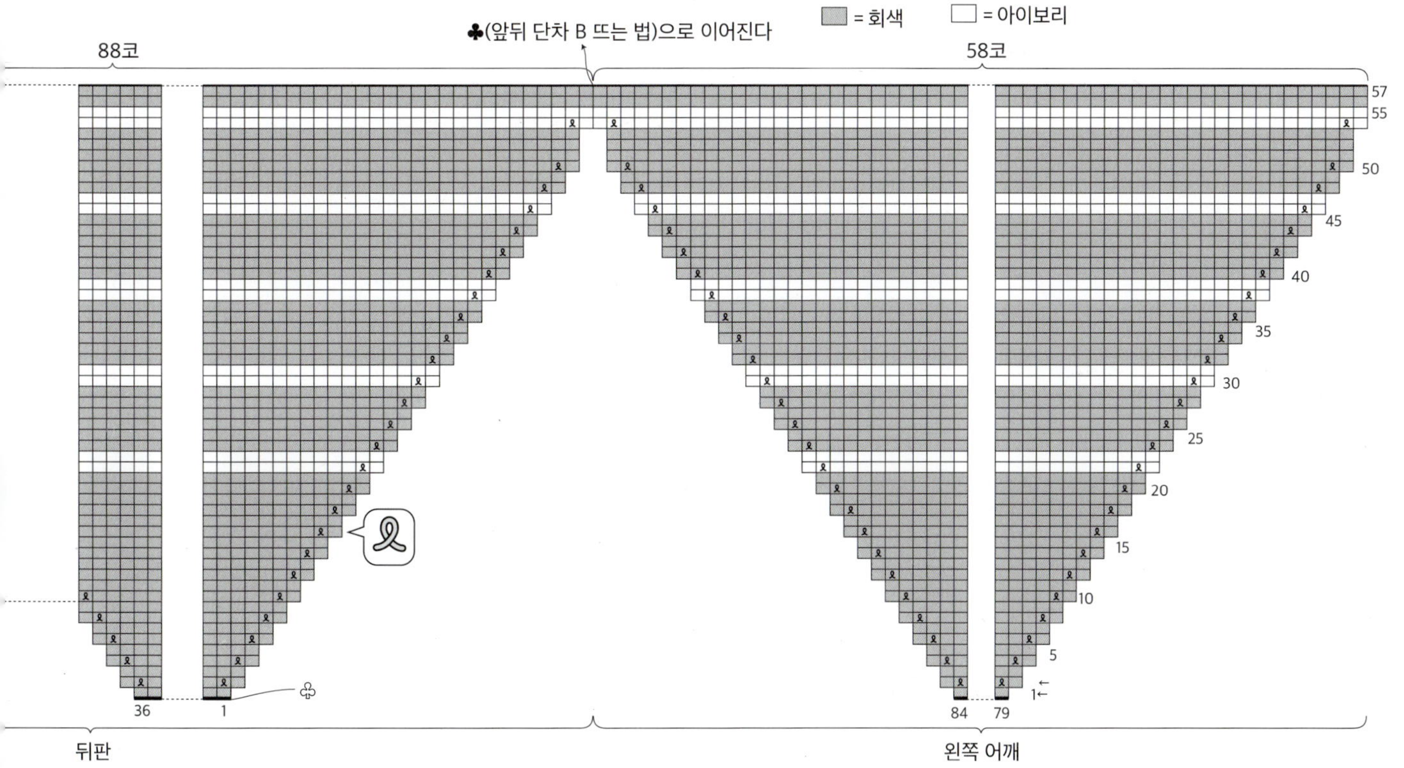

니트를 떠 봅시다

※알아보기 쉽도록 부분별로 실색을 바꿨습니다.

코잡기(신축성 있는 코잡기/옛 노르웨이식 코잡기)

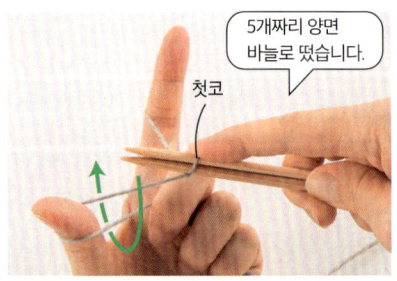

1 꼬리실을 뜨개 바탕 폭의 3~4배 정도 남기고 일반 코잡기와 같은 방법으로 첫코를 만듭니다. 화살표처럼 바늘을 움직여서 바늘을 엄지손가락에 걸린 실 2가닥 아래로 넣습니다.

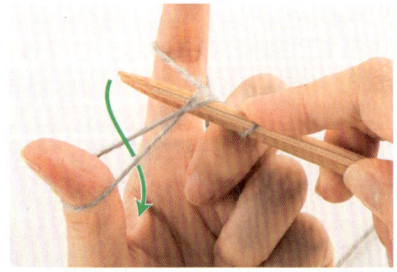

2 아래로 넣어서 들어 올렸습니다. 들어 올린 실 2가닥 사이에 화살표처럼 바늘을 넣습니다.

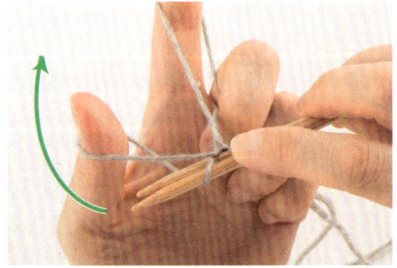

3 그대로 바늘을 위로 들어 올립니다.

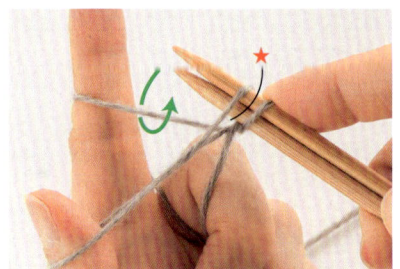

4 집게손가락에 걸린 실을 화살표 방향으로 바늘을 넣어서 들어 올립니다.

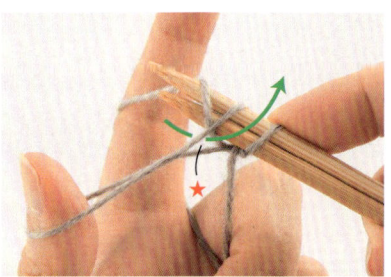

5 들어 올린 실을 ★ 사이로 통과시킵니다.

6 통과시킨 모습입니다. 엄지손가락에 걸린 실을 뺍니다.

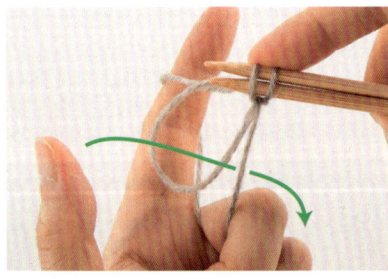

7 엄지손가락에서 실을 뺐습니다. 엄지손가락을 화살표 방향으로 넣습니다.

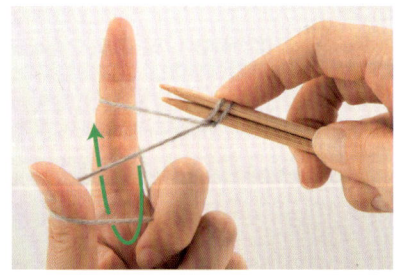

8 실을 당겨서 두 번째 코를 완성합니다. 화살표처럼 바늘을 움직여서 1과 같은 방법으로 바늘을 실 2가닥 아래에 넣습니다. 2~8을 반복해서 지정된 콧수만큼 만듭니다. 이 코잡기가 첫단이 됩니다.

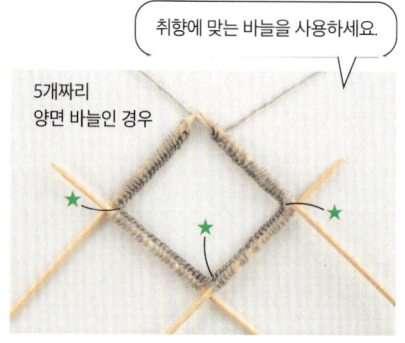

취향에 맞는 바늘을 사용하세요.

5개짜리 양면 바늘인 경우

40㎝ 줄바늘인 경우

매직 루프란 줄바늘보다 뜨개 바탕이 짧은 경우 코와 코 사이에 바늘의 줄을 빼내서 뜨는 것을 말합니다.

80㎝ 줄바늘인 경우

줄

9 바늘 5개 중 4개에 첫단을 각각 같은 콧수로 나눠 끼우고 5번째 바늘로 목둘레 두 번째 단을 뜨기 시작합니다. 기초코가 꼬이지 않도록 주의하세요(★).

줄바늘로 뜰 때는 단의 경계에 단수링을 끼워 놓습니다.

매직 루프로 뜹니다.

앞뒤 단차 A·1단

36코

단수링

10 앞몸판 쪽 36코는 쉼코해 둡니다. 뒤몸판 쪽의 48코는 뜨면서 되돌아뜨기해서 앞뒤 단차 A를 만듭니다. 단의 경계 코에는 단수링을 끼워둡니다.

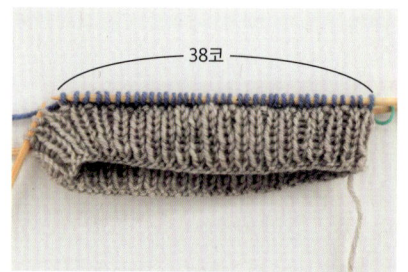

38코

11 목둘레에서 계속해서 겉뜨기로 38코를 뜹니다. 뜨개 바탕을 안면이 보이도록 뒤집습니다.

앞뒤 단차 A·2단

12 화살표처럼 바늘을 움직여서 걸기코를 합니다.

앞뒤 단차 … 이 작품은 되돌아뜨기로 뒤몸판 쪽을 길게 만들었습니다. 뒤몸판 쪽이 길어지면 착용감이 편한 스웨터가 완성됩니다.

걸기코

13 걸기코를 했습니다. 화살표처럼 바늘을 넣고, 다음 코를 뜨지 않고 오른쪽 바늘로 옮겨서 걸러뜨기합니다.

걸러뜨기
걸기코

14 걸러뜨기를 했습니다. 계속해서 안뜨기를 39코 합니다. 단 경계 코에 단수링을 건너뛰고 단에 걸쳐서 안뜨기합니다.

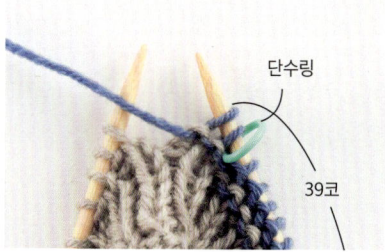

단수링
39코

15 안뜨기 39코를 했습니다. 뜨개 바탕을 겉면이 보이도록 뒤집습니다.

| 앞뒤 단차 A·3단 |

16 12와 같은 방법으로 걸기코를 합니다.

17 다음 코는 걸러뜨기합니다.

18 걸기코·걸러뜨기를 했습니다. 계속해서 겉뜨기를 39코 뜹니다. 39번째 코는 앞단에서 걸러뜨기한 코를 겉뜨기합니다.

| 앞뒤 단차 A·4단 |

19 앞단의 걸기코와 다음 코를 왼코 위 2코 모아뜨기(人)하고 다음 2코는 겉뜨기합니다.

20 겉뜨기를 2코 했습니다. 뜨개 바탕을 안면이 보이도록 뒤집습니다.

21 걸기코·걸러뜨기를 하고 안뜨기를 42코 뜹니다. 42번째 코는 앞단에서 걸러뜨기한 코를 안뜨기합니다.

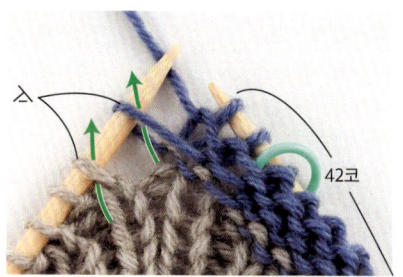

22 앞단의 걸기코와 그 다음 코의 순서를 바꿔 끼우고, 오른코 위 2코 모아뜨기 (안뜨기)·(人)를 합니다. 일단 화살표 방향으로 바늘을 움직여서 걸기코와 다음 코를 오른쪽 바늘로 옮깁니다.

23 화살표처럼 바늘을 넣어서 옮긴 2코를 왼쪽 바늘로 다시 옮깁니다.

24 걸기코와 다음 코의 순서가 바뀌었습니다. 화살표처럼 바늘을 넣고, 2코 모아뜨기 안뜨기를 합니다. 계속해서 다음 2코는 안뜨기합니다.

| 앞뒤 단차 A·5단 |

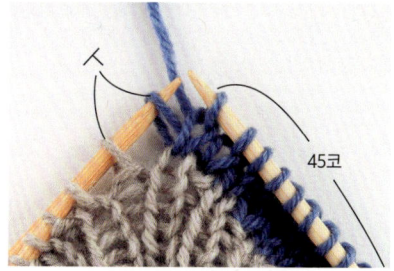

25 안뜨기 2코를 완성했습니다. 뜨개 바탕을 겉면이 보이도록 뒤집습니다.

26 걸기코·걸러뜨기를 하고 겉뜨기를 45코 뜹니다.

27 앞단의 걸기코와 다음 코를 왼코 위 2코 모아뜨기(人)합니다.

28 뜨개 바탕은 뒤집지 않고 계속해서 쉼코해 둔 앞몸판 쪽 36코를 겉뜨기합니다.

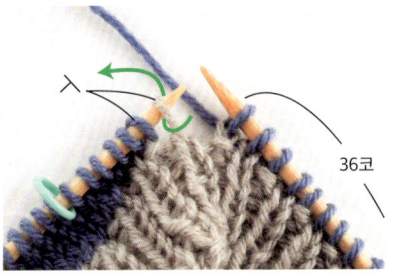

29 다음 코와 26의 걸기코를 오른쪽 위 2코 모아뜨기(人)합니다. 화살표처럼 바늘을 움직여서 첫코를 뜨지 않고 오른쪽 바늘로 옮깁니다.

30 화살표처럼 바늘을 넣어서 2번째 코를 겉뜨기합니다.

31 왼쪽 바늘을 화살표처럼 움직여서 두 번째 코에 첫코를 덮어씌우며 바늘에서 빼냅니다.

32 오른코 위 2코 모아뜨기를 했습니다. 계속해서 겉뜨기를 5코 합니다.

33 앞뒤 단차 A를 완성했습니다. 뒤몸판 쪽이 길어졌습니다.

레글런 라인의 돌려뜨기로 코 늘리기

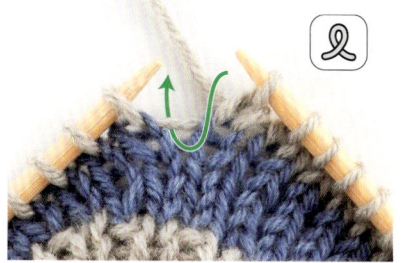

34 화살표처럼 오른쪽 바늘을 움직여서 코와 코 사이에 걸친 실을 끌어올립니다.

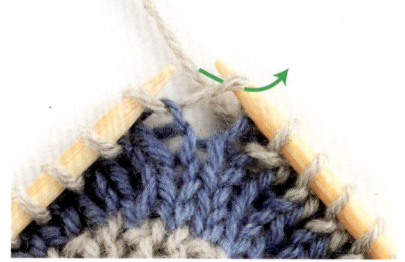

35 화살표처럼 바늘을 넣어서 끌어올린 코를 왼쪽 바늘로 옮깁니다.

36 오른쪽 바늘을 화살표처럼 넣어서 겉뜨기합니다.

37 돌려뜨기로 코 늘리기를 완성했습니다.

38 반대 방향으로 돌려뜨기로 코 늘리기를 할 때는 화살표처럼 오른쪽 바늘을 움직여서 코와 코 사이에 걸친 실을 끌어올립니다.

39 화살표처럼 바늘을 넣어서 끌어올린 코를 왼쪽 바늘로 옮깁니다.

40 오른쪽 바늘을 화살표처럼 넣어서 겉뜨기합니다.

41 돌려뜨기로 코 늘리기를 완성했습니다.

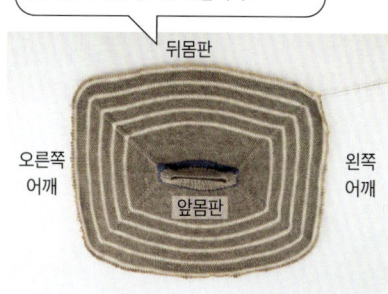

42 돌려뜨기로 코 늘리기를 하면서 요크를 뜹니다. 계속해서 남기고 뜨기의 되돌아뜨기로 뒤몸판에 앞뒤 단차 B를 만듭니다. 오른쪽 어깨, 앞몸판, 왼쪽 어깨의 코는 별도 실을 통과시켜서 쉼코합니다.

앞뒤 단차 B·1단

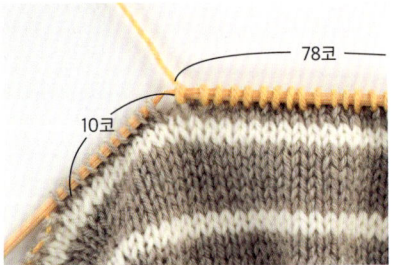

43 겉뜨기를 78코 합니다. 왼쪽 바늘에 10코가 남으면 뜨개 바탕을 안면이 보이도록 뒤집습니다.

앞뒤 단차 B·2단

44 걸기코·걸러뜨기를 한 다음 계속해서 안뜨기합니다.

45 왼쪽 바늘에 10코가 남으면 뜨개 바탕을 겉면이 보이도록 뒤집습니다.

앞뒤 단차 B·3단

46 걸기코·걸러뜨기를 한 다음 계속해서 겉뜨기합니다.

47 앞단의 걸러뜨기 코를 포함한 10코를 남기고 뜨개 바탕을 안면이 보이도록 뒤집습니다.

앞뒤 단차 B·4단

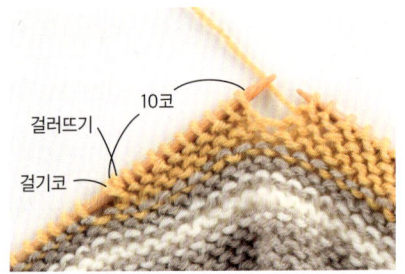

48 걸기코·걸러뜨기를 하고 안뜨기한 다음 47과 같은 방법으로 앞단의 걸러뜨기 코를 포함한 10코를 남기고 뜨개 바탕을 겉면이 보이도록 뒤집습니다.

앞뒤 단차 B·5단

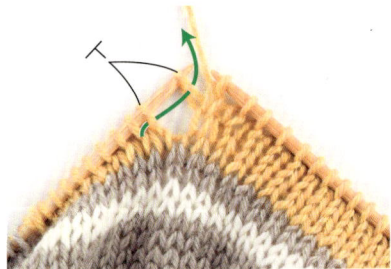

49 걸기코·걸러뜨기를 하고 겉뜨기를 47코 뜬 다음, 이어서 2코를 왼코 위 2코 모아뜨기하면서 단 정리를 합니다.

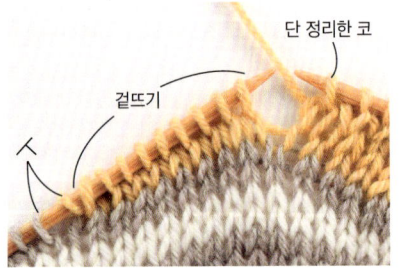

50 계속해서 겉뜨기를 9코 뜬 후에 다음 2코를 같은 방법으로 단 정리합니다. 쉼코해 둔 오른쪽 어깨, 앞몸판, 왼쪽 어깨를 바늘에 다시 끼우고, 단의 경계 코까지 겉뜨기합니다.

앞뒤 단차 B·6단

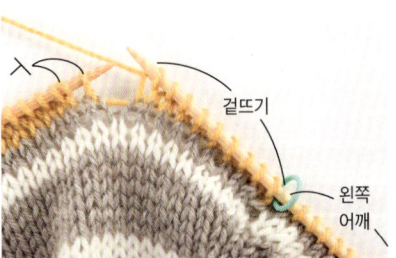

51 겉뜨기를 9코 뜬 후에 다음 코와 46의 걸기코를 오른코 위 2코 모아뜨기하면서 단 정리를 합니다.

옆선 만들고 앞뒤 몸판 뜨기

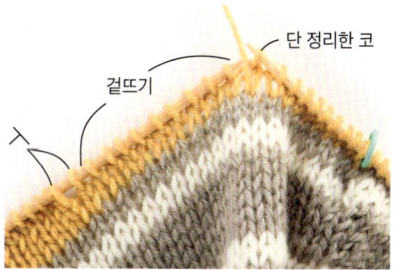

52 겉뜨기를 9코 뜬 다음에 오른코 위 2코 모아뜨기하면서 단 정리를 합니다. 그대로 단 끝까지 겉뜨기합니다.

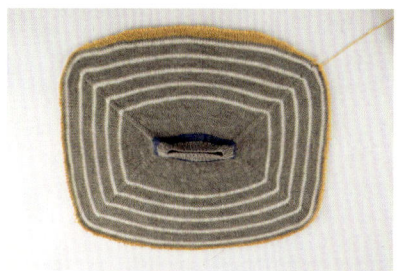

53 요크를 완성했습니다.

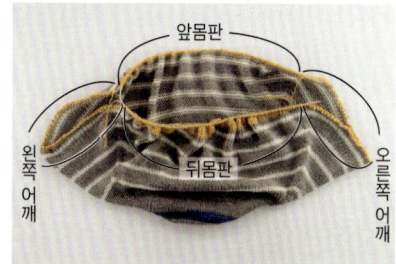

54 왼쪽·오른쪽 어깨 코에 각각 별도 실을 끼워서 쉼코해 두고, 뒤몸판·앞몸판 코만 바늘에 끼웁니다.

옆선 사슬뜨기
별도 실로 필요한 콧수보다 1, 2코 많이 사슬뜨기해 둡니다(별실 코잡기).

※2개 준비합니다.

55 뒤몸판에서 뜨개를 시작하고 옆선은 준비해 둔 사슬뜨기에서 코를 줍습니다. 화살표처럼 사슬 뒤쪽 코산에 바늘을 넣어서 실을 빼냅니다.

56 5코를 주웠습니다(오른쪽 옆선). 계속해서 앞몸판을 뜹니다.

57 왼쪽 옆선도 같은 방법으로 사슬뜨기 기초코에서 5코를 줍습니다. 첫단을 완성했습니다. 단의 경계 코에 단수링을 낍니다.

58 뜨는 법 도안을 참고해서 앞뒤 몸판을 원통뜨기합니다.

탑다운 스웨터는 목부터 뜨니 입어 보면서 기장을 조절하기 쉽습니다. 마음에 드는 기장에서 멈추거나 더 떠도 좋습니다. 중간중간 입어 보면서 기장을 확인해 보세요.

옆선 & 요크의 어깨 부분 코 옮기기

어깨 첫코를 뜰 때에 꼬아뜨기하면서 2코 모아뜨기하는 것도 좋습니다(P.74 참고).

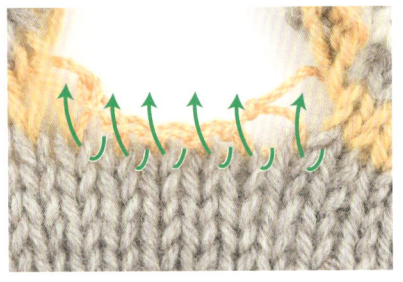
59 화살표처럼 바늘을 넣어서 옆선에서 6코를 줍습니다.

60 바늘에 6코를 주웠습니다. 사슬뜨기를 풉니다.

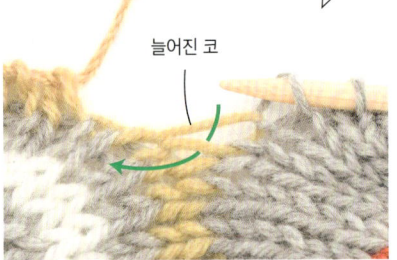
늘어진 코
61 소매와 옆선 사이에 구멍이 나지 않도록 합니다. 화살표처럼 돗바늘을 넣어서 늘어진 코의 반대쪽 고리를 잡아당깁니다.

→ 늘어진 코가 줄어들었습니다.

→ 뜨개 코를 따라가면서 당깁니다.

→ 어느 정도 당겼다면 장력을 점점 작게 조절합니다.

→ 당긴 코를 편물의 결에 맞게 정돈합니다.

소매

62 쉼코해 둔 어깨 코를 바늘에 옮겼습니다. 옆선 중앙부터 소매를 뜨기 시작합니다.

63 소매 3단을 완성했습니다. 구멍이 눈에 띄지 않도록 떴습니다. 소매를 마음에 드는 길이까지 뜹니다.

02 스트라이프 베스트   P.20

사용 실 하마나카 아란 트위드
블루(13) 130g · 베이지(1) 120g
도구 대바늘 8호(4.5mm)(2개짜리 한쪽 막힘 바늘, 4·5개짜리 양면 바늘 또는 줄바늘)

게이지(10×10㎝) 메리야스뜨기 17코×22단
완성 크기 가슴둘레 110㎝, 총장 53㎝, 소매길이 27.5㎝
뜨는 법
1. 일반 코잡기로 기초코를 만들고 메리야스뜨기로 작품 전체를 원통뜨기합니다. 중간에 소매 트임 부분은 왕복뜨기합니다.
2. 1코 고무뜨기로 밑단을 원통뜨기한 다음 덮어씌워 코막음합니다.

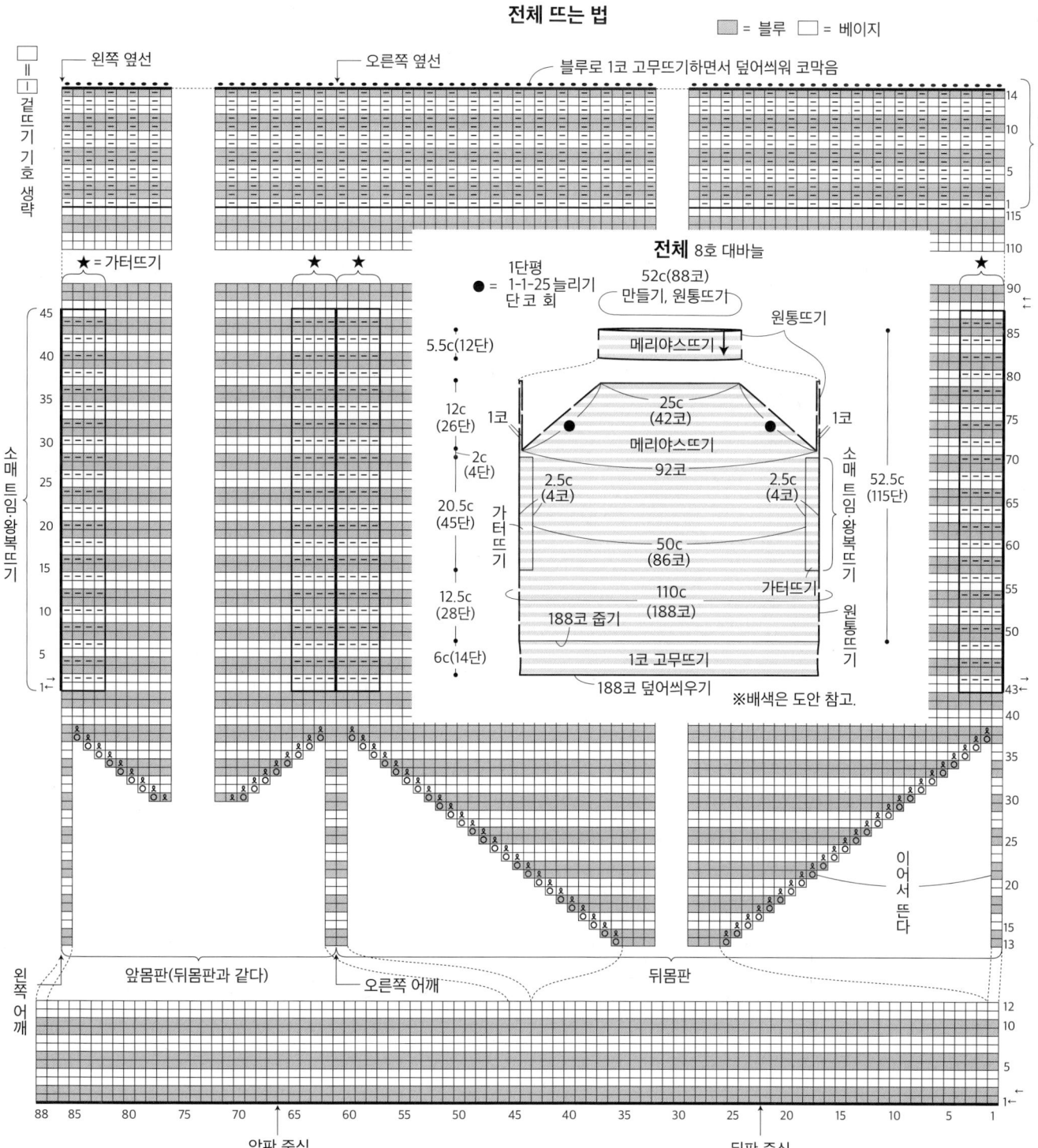

03 트리 패턴 풀오버   P.22

사용 실
하마나카 카미나 탬·옐로 오커(202) 250g

도구
대바늘 7호(4.2mm), 6호(3.9mm)
(4·5개짜리 양면 바늘 또는 줄바늘)
꽈배기바늘, 코바늘 6/0호(별실 코잡기용)

게이지(10×10㎝) 무늬뜨기(몸판 쪽) 1무늬(20코)=10.5㎝, 26.5단=10㎝
메리야스뜨기(10×10㎝) 19코×26단

완성 크기 가슴둘레 109㎝, 총장 55.5㎝, 소매길이 71.5㎝

뜨는 법

1. 별실 코잡기를 만들어서 무늬뜨기로 요크를 원통뜨기합니다.
2. 요크에서 코를 주워서 메리야스뜨기로 앞뒤 단차 10단을 뜹니다.
3. 앞뒤 단차와 요크에서 코를 줍고, 옆선 부분은 별실 코잡기를 만들어서 메리야스뜨기, 돌려 1코 고무뜨기로 앞뒤 몸판을 원통뜨기한 다음 덮어씌워 코막음합니다.
4. 요크와 몸판에서 코를 줍고, 메리야스뜨기, 돌려 1코 고무뜨기로 소매를 원통뜨기한 다음 덮어씌워 코막음합니다.
5. 별실 코잡기를 풀어서 코를 줍고, 돌려 1코 고무뜨기로 목둘레를 원통뜨기한 다음 덮어씌워 코막음합니다.

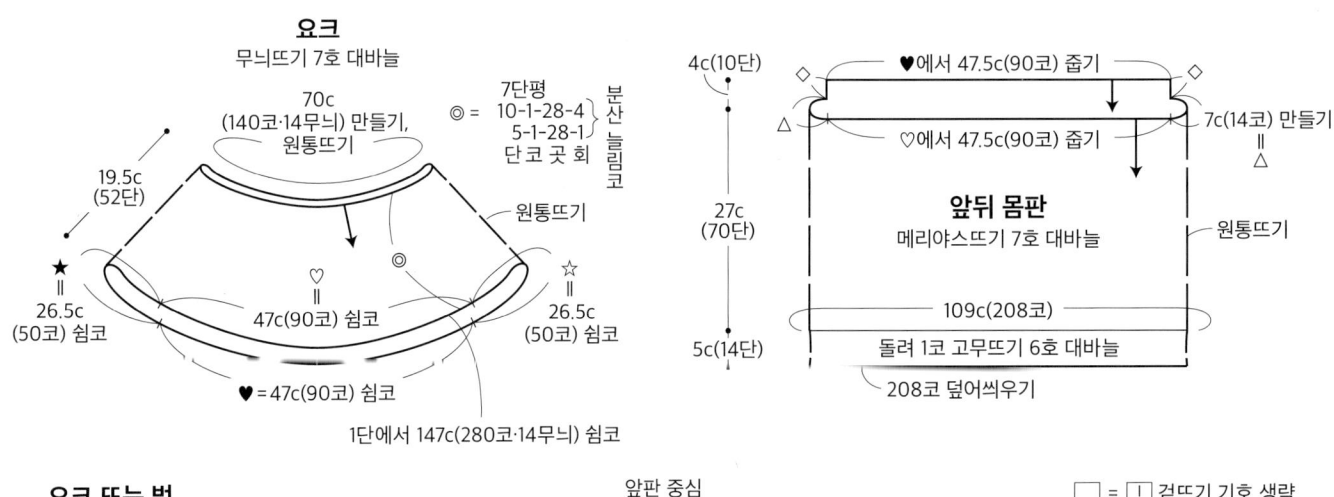

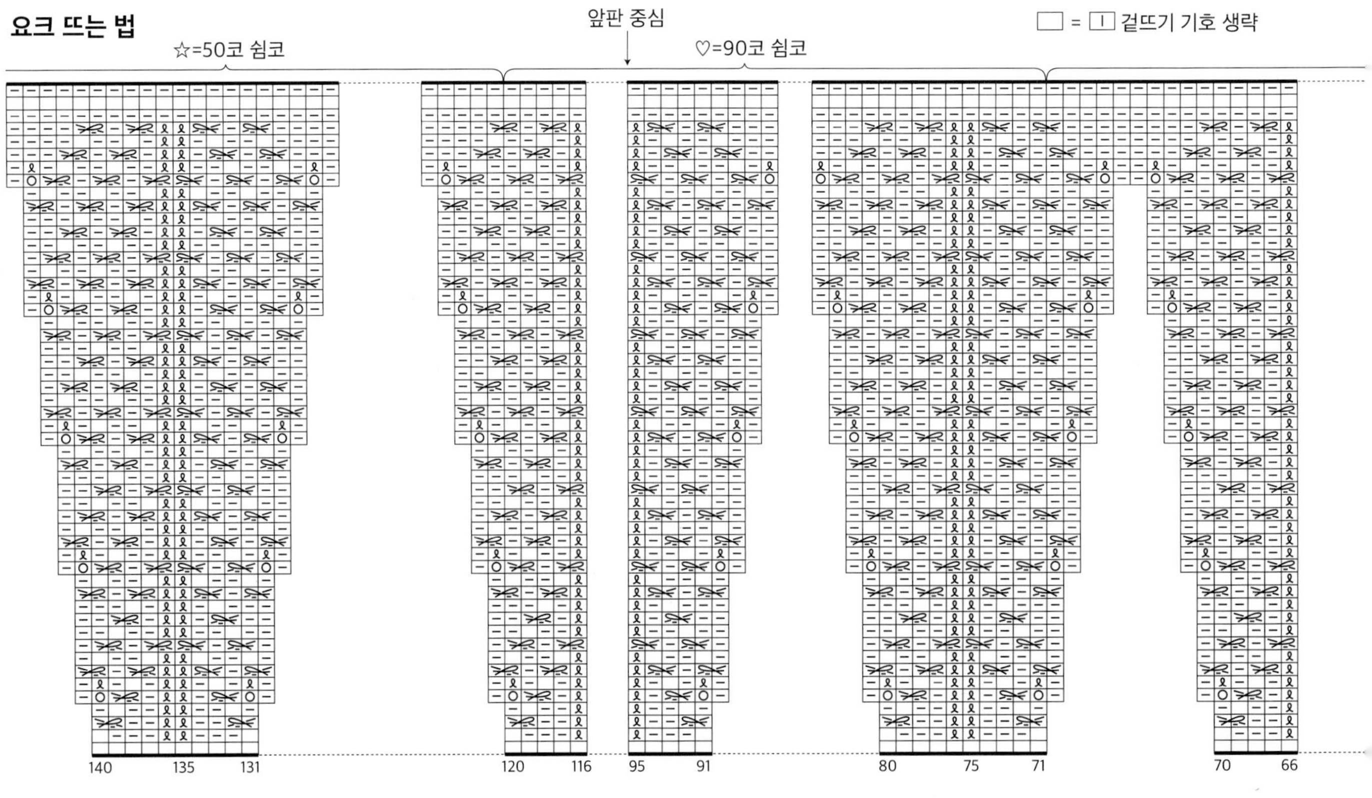

앞뒤 몸판 뜨는 법

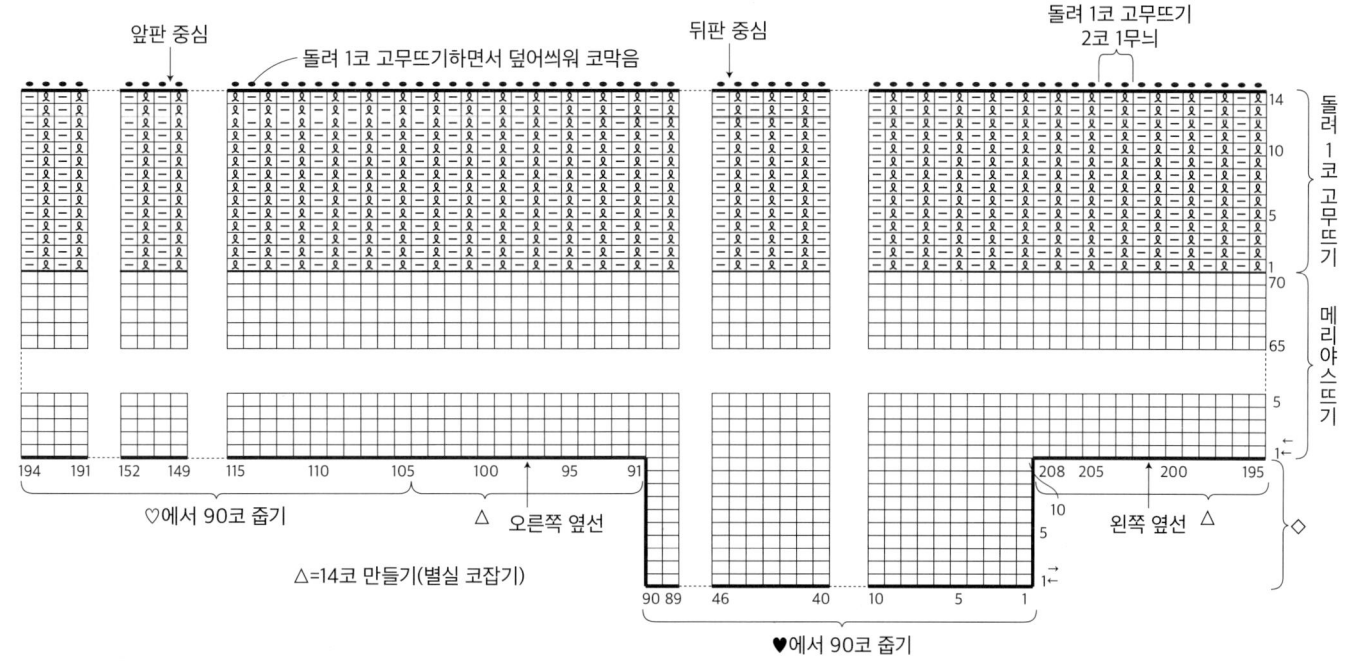

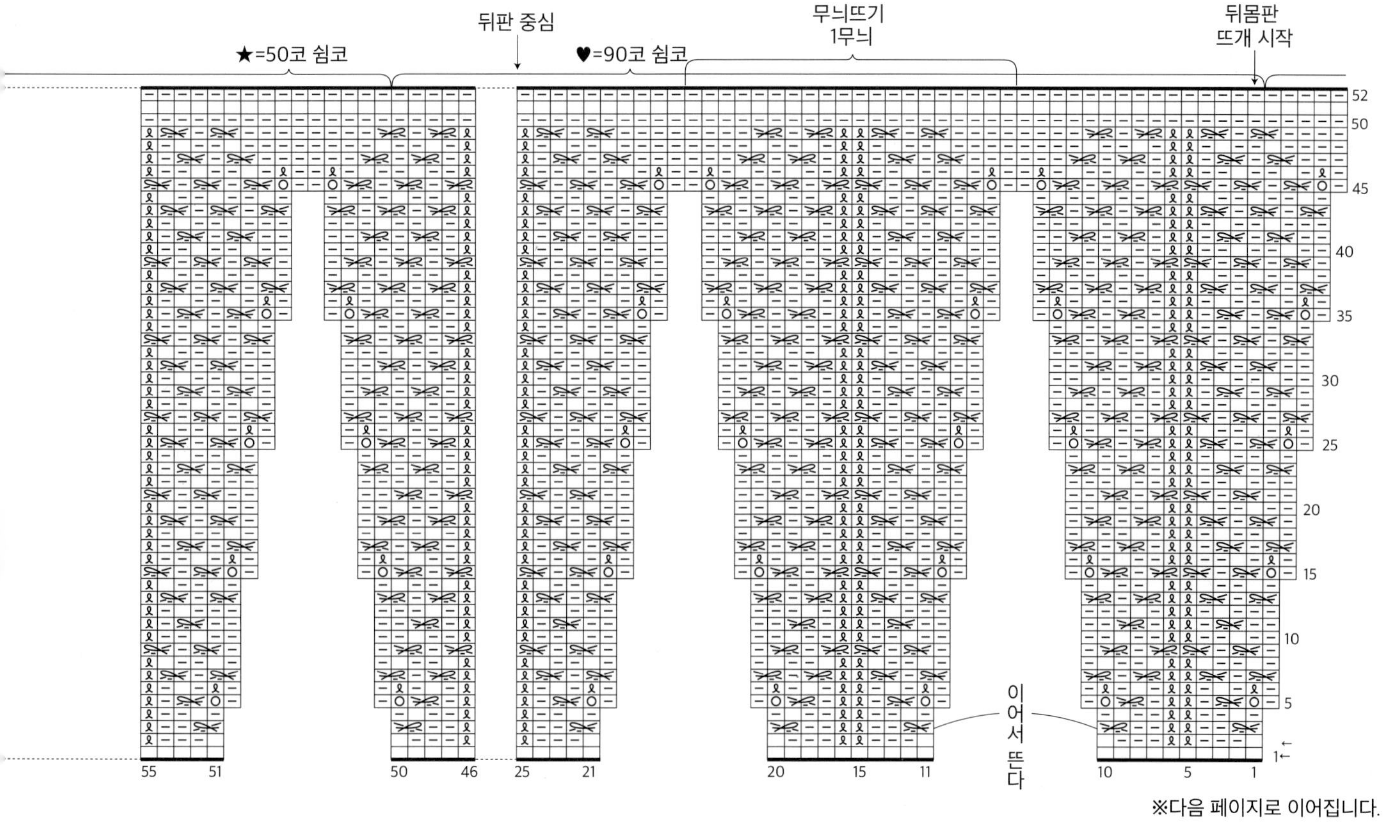

※다음 페이지로 이어집니다.

※오른쪽 소매는 왼쪽 소매와 (△·◇·★)에서
코를 주워서 같은 방법으로 뜬다.

목둘레

목둘레 뜨는 법

□ = ▯ 겉뜨기 기호 생략

왼쪽 소매 뜨는 법

□ = ㅡ 겉뜨기 기호 생략

ℓ =돌려뜨기로 코 늘리기(안뜨기)

P.65 **04**에서 이어집니다.

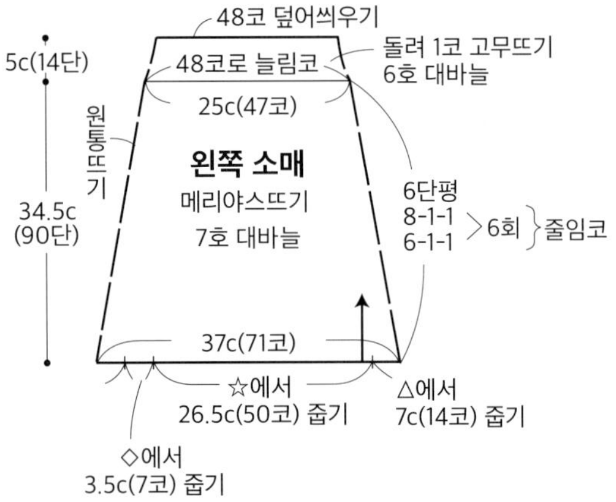

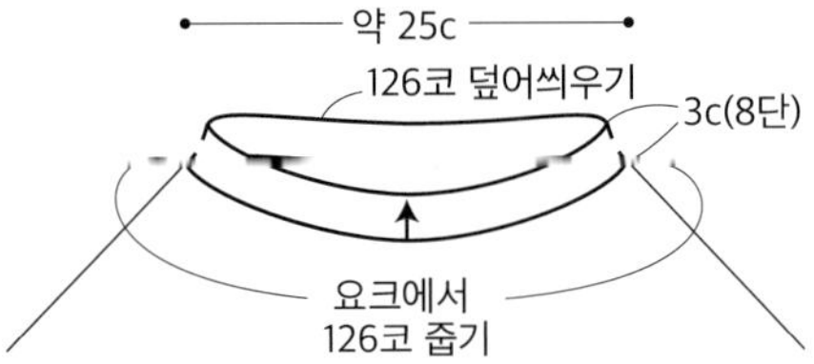

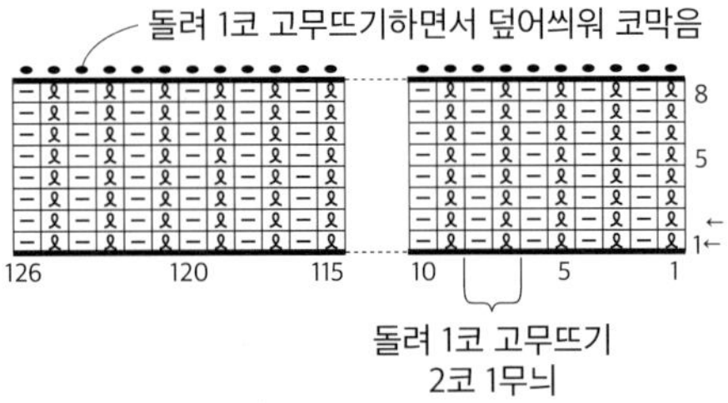

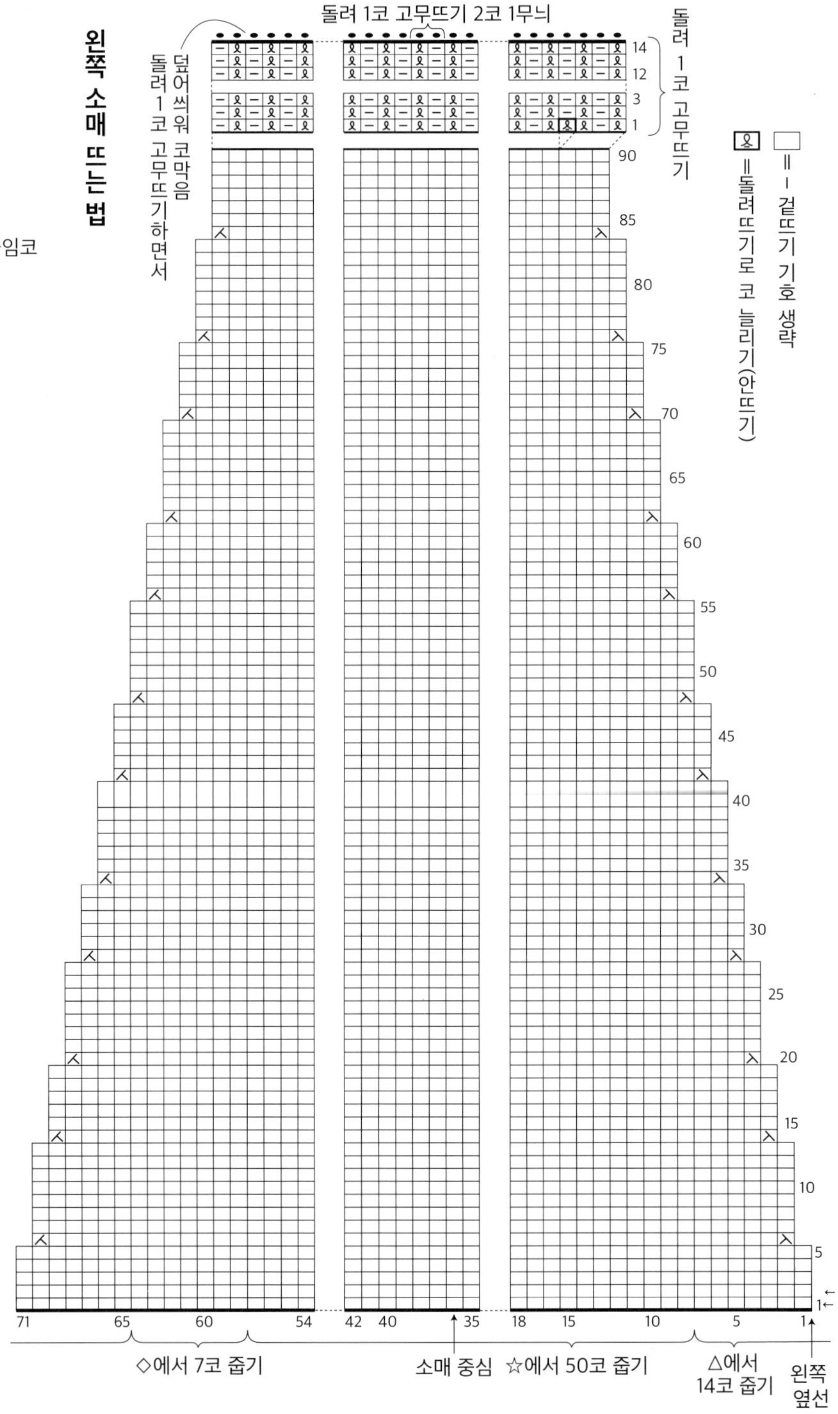

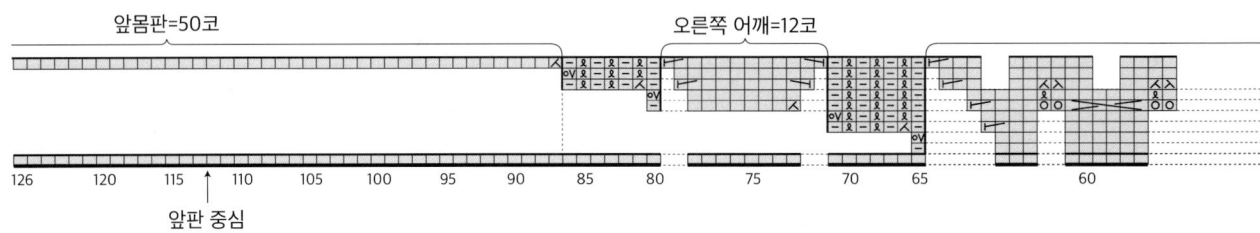

04 바스켓 패턴 풀오버   P.24

사용 실
하마나카 모스모스・아이보리(1) 290g

도구
대바늘 6호(3.9mm), 3호(3.0mm)
(4・5개짜리 양면 바늘 또는 줄바늘)
꽈배기바늘, 코바늘 5/0호(별실 코잡기용)

게이지(10×10cm) 무늬뜨기 24코×27.5단
완성 크기 가슴둘레 110cm, 총장 51.5(뒤판)cm, 소매길이 79cm

뜨는 법

1. 일반 코잡기로 기초코를 만들어서 돌려 1코 고무뜨기, 무늬뜨기로 앞뒤 단차, 앞뒤 요크를 뜹니다.
2. 요크에서 코를 줍고 옆선 부분은 별실 코잡기를 만들어서 돌려 1코 고무뜨기, 무늬뜨기로 앞뒤 몸판을 원통뜨기(트임이 끝나는 부분 이후는 왕복뜨기)한 다음에 덮어씌워 코막음합니다.
3. 요크와 옆선에서 코를 주워서 돌려 1코 고무뜨기, 무늬뜨기로 소매를 원통뜨기한 다음 덮어씌워 코막음합니다.
4. 기초코에서 코를 주워서 가터뜨기, 메리야스뜨기로 목둘레를 원통뜨기한 다음 덮어씌워 코막음합니다.

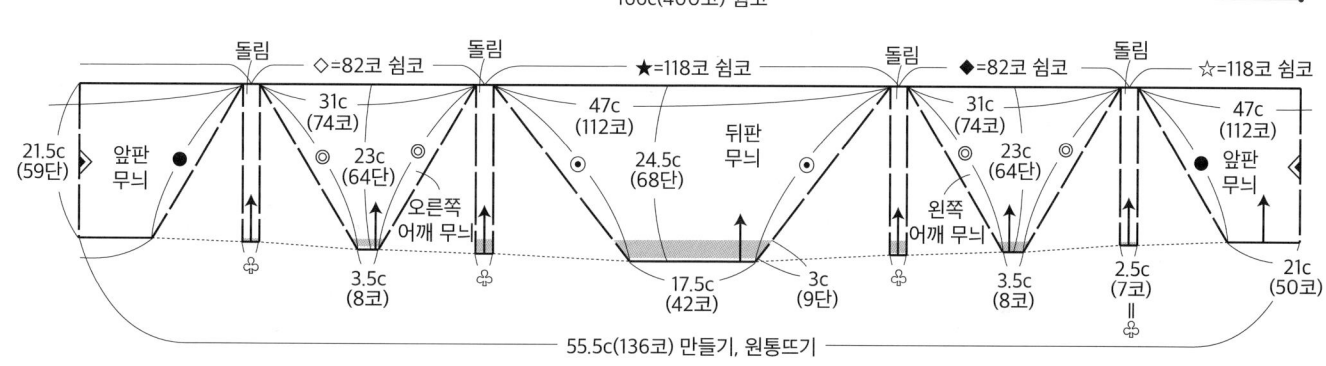

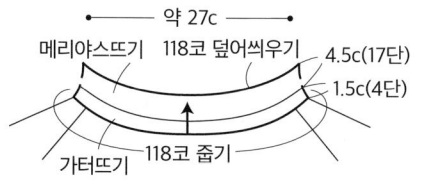

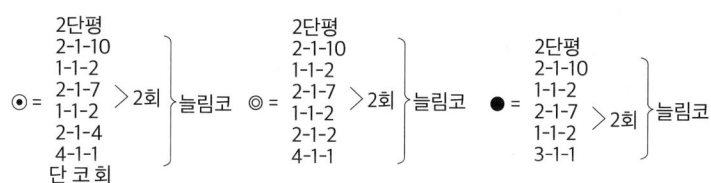

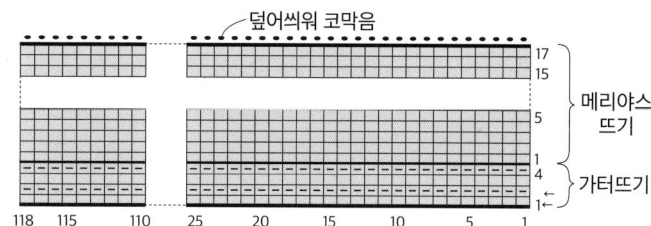

앞뒤 요크의 첫단과 앞뒤 단차 뜨는 법

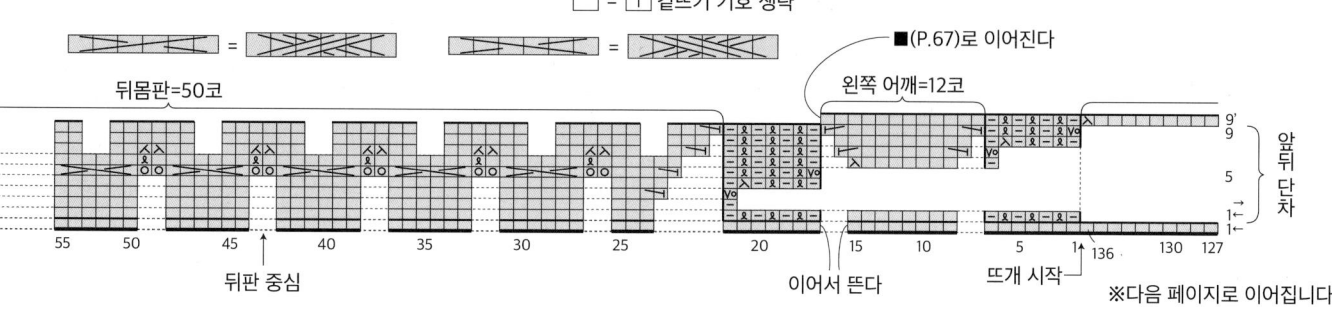

※다음 페이지로 이어집니다.

앞뒤 요크 뜨는 법

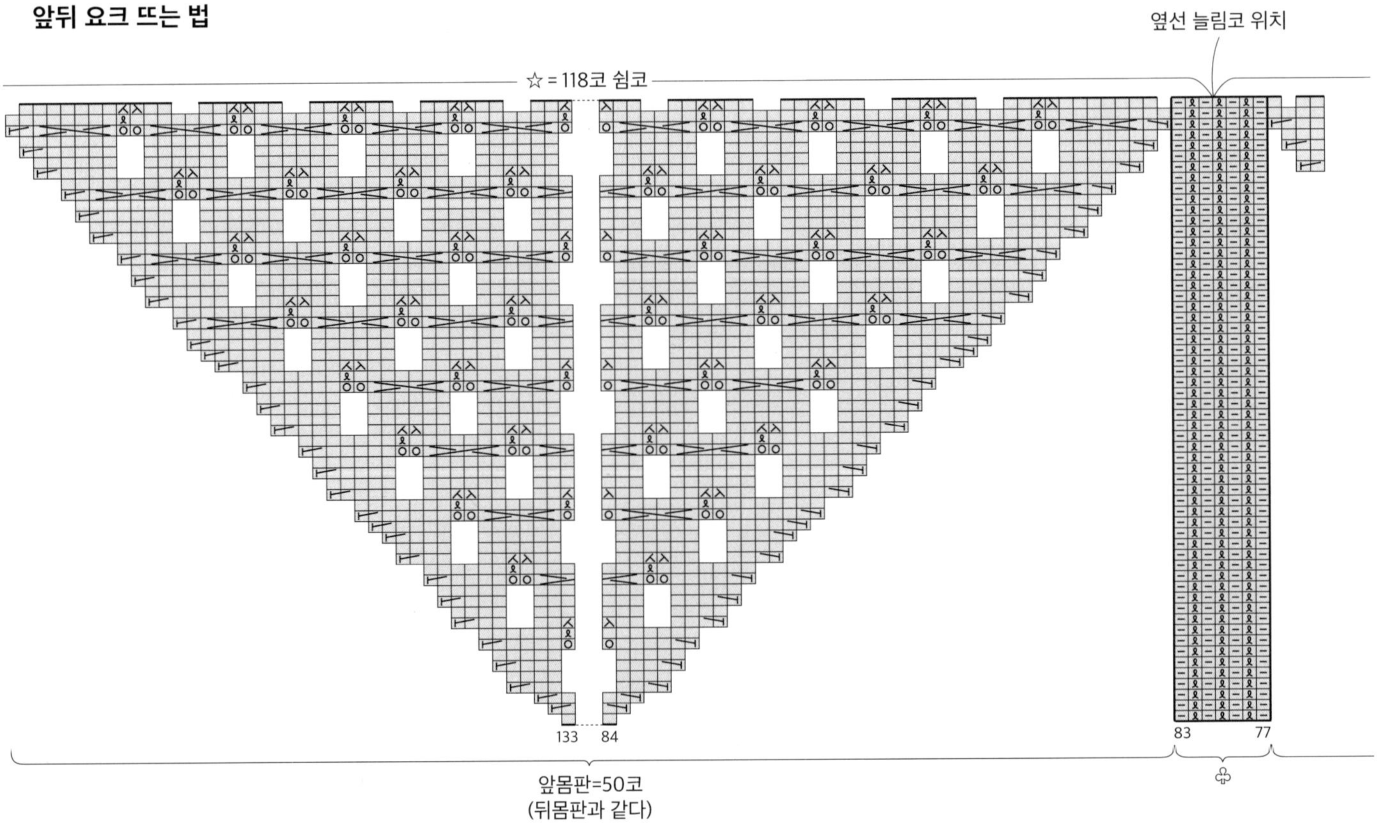

☆ = 118코 쉼코

옆선 늘림코 위치

133 84

앞몸판=50코
(뒤몸판과 같다)

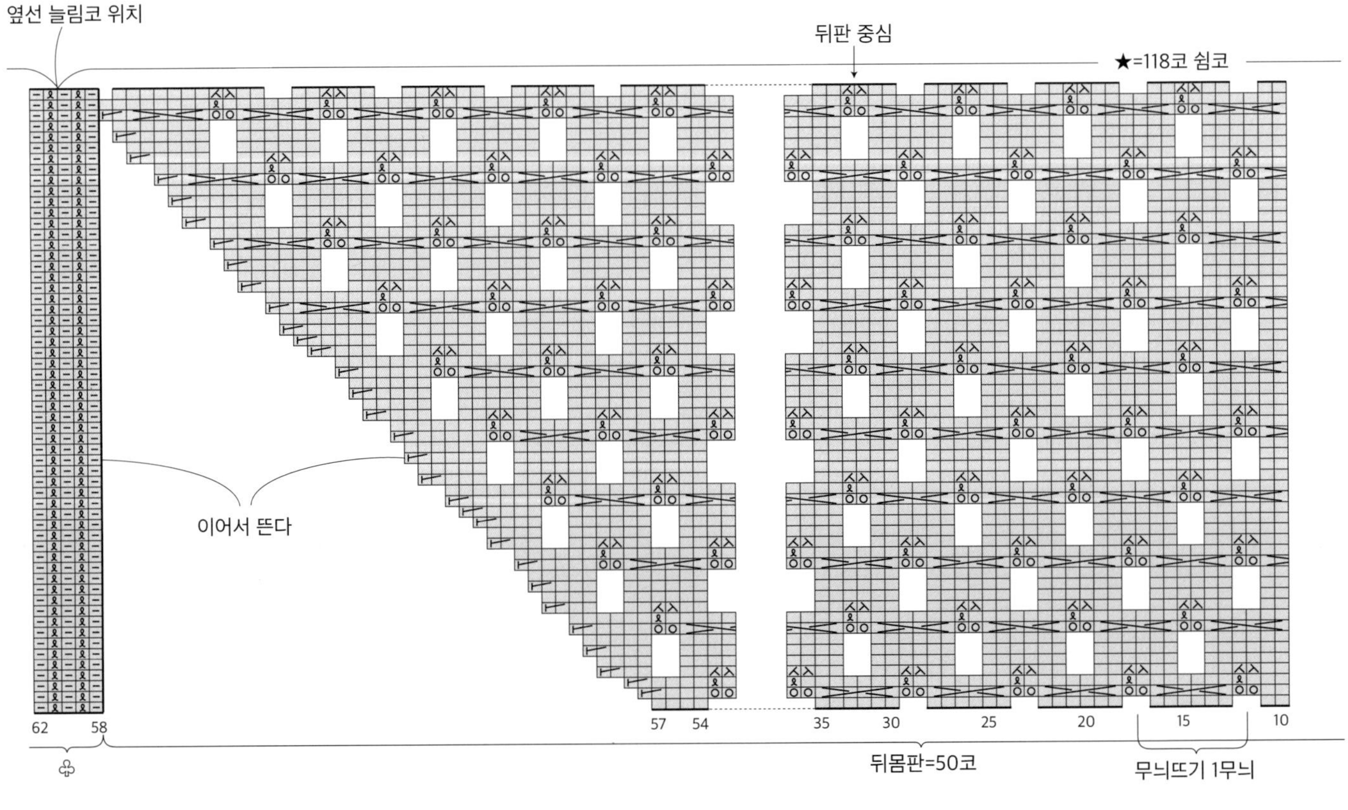

83 77

옆선 늘림코 위치

뒤판 중심

★ = 118코 쉼코

이어서 뜬다

62 58

57 54   35 30 25 20 15 10

뒤몸판=50코

무늬뜨기 1무늬

□ = [I] 겉뜨기 기호 생략

※무늬뜨기는 단에 따라 콧수가 다르다.

※다음 페이지로 이어집니다.

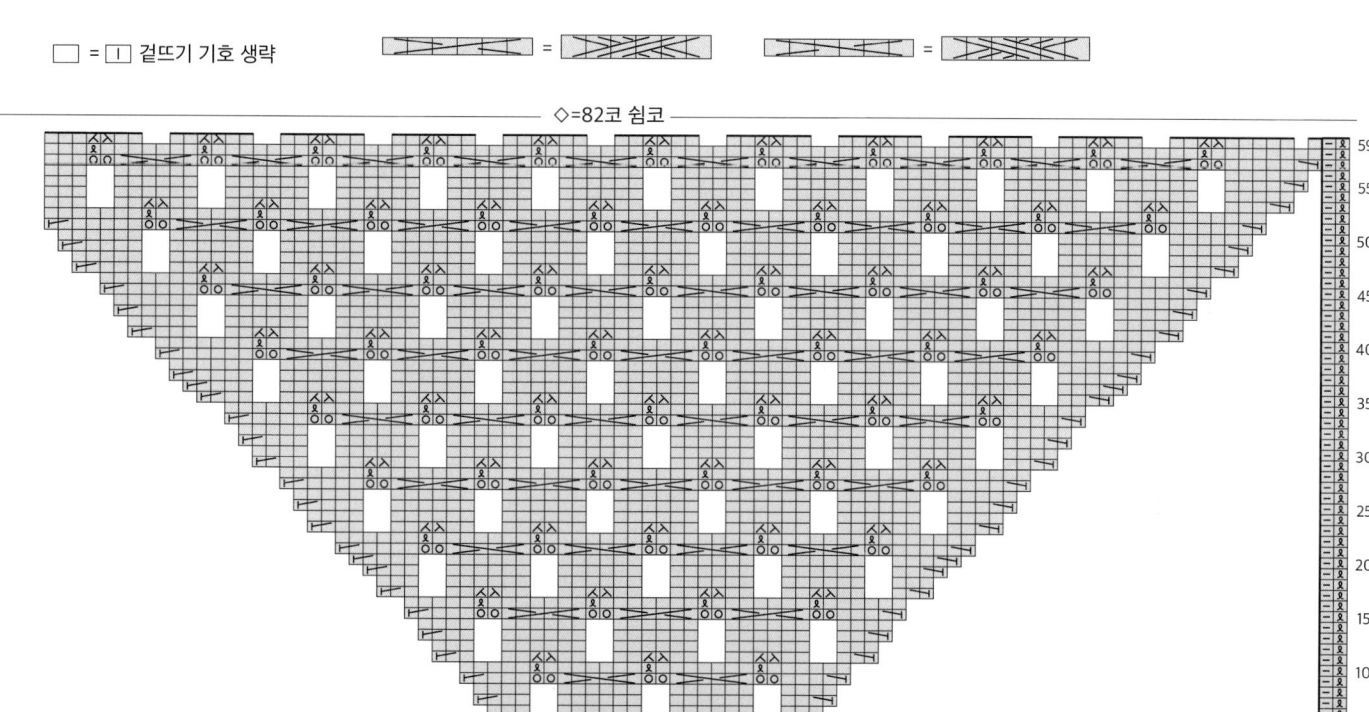

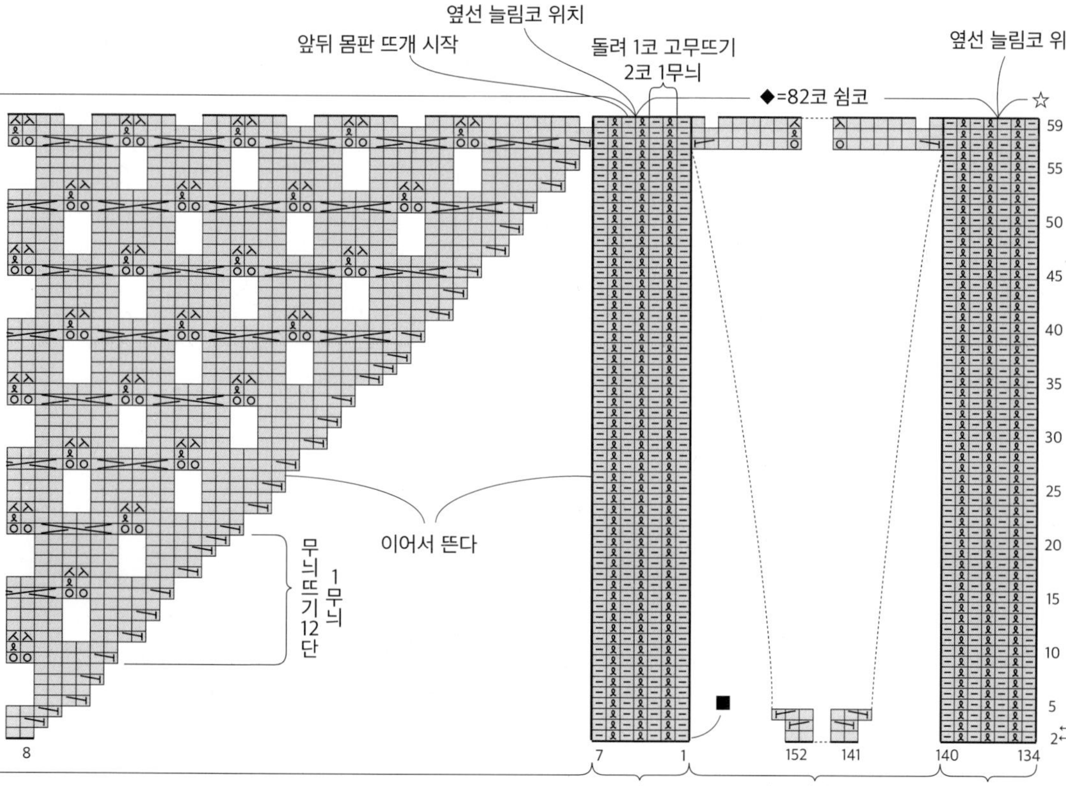

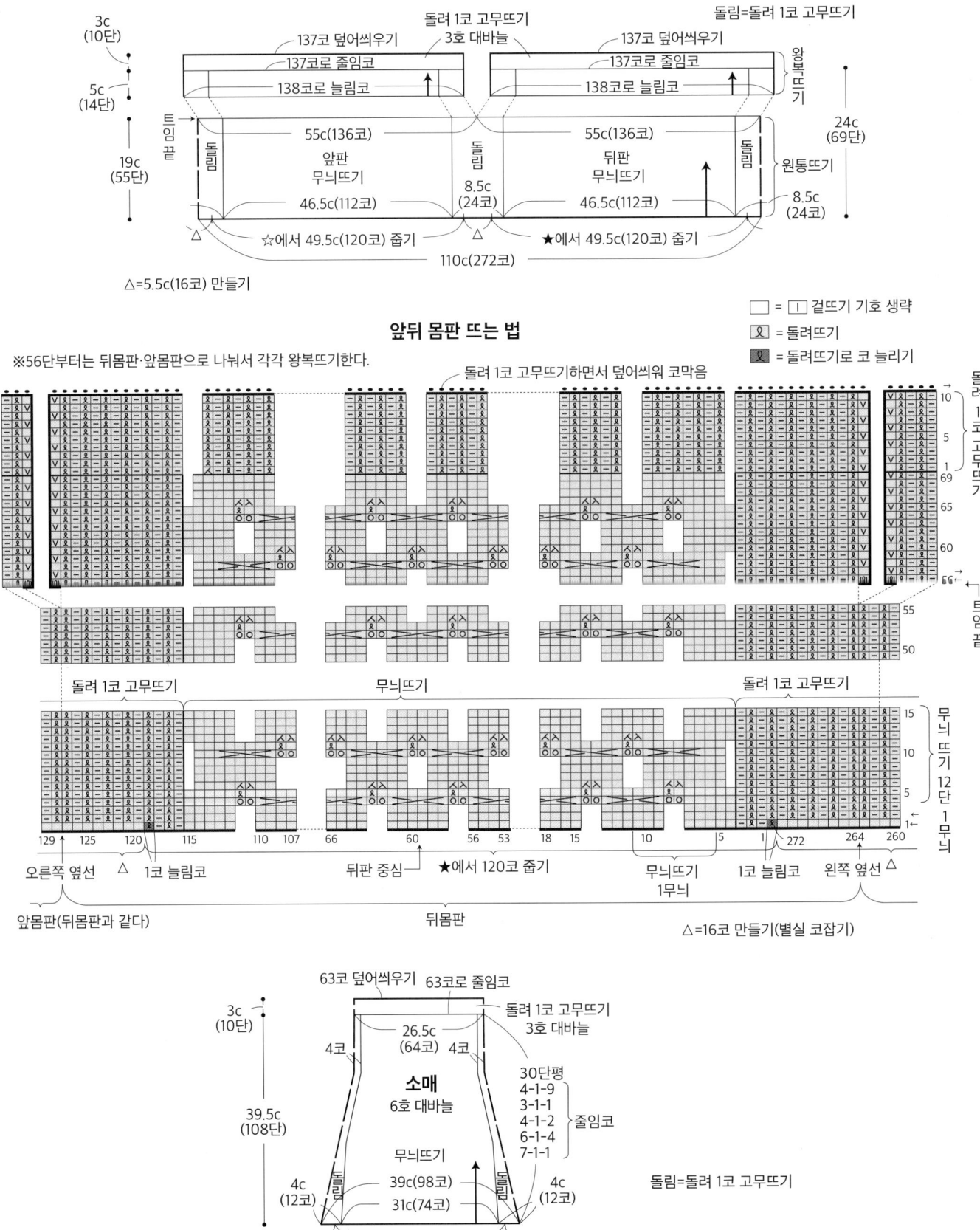

소매 뜨는 법

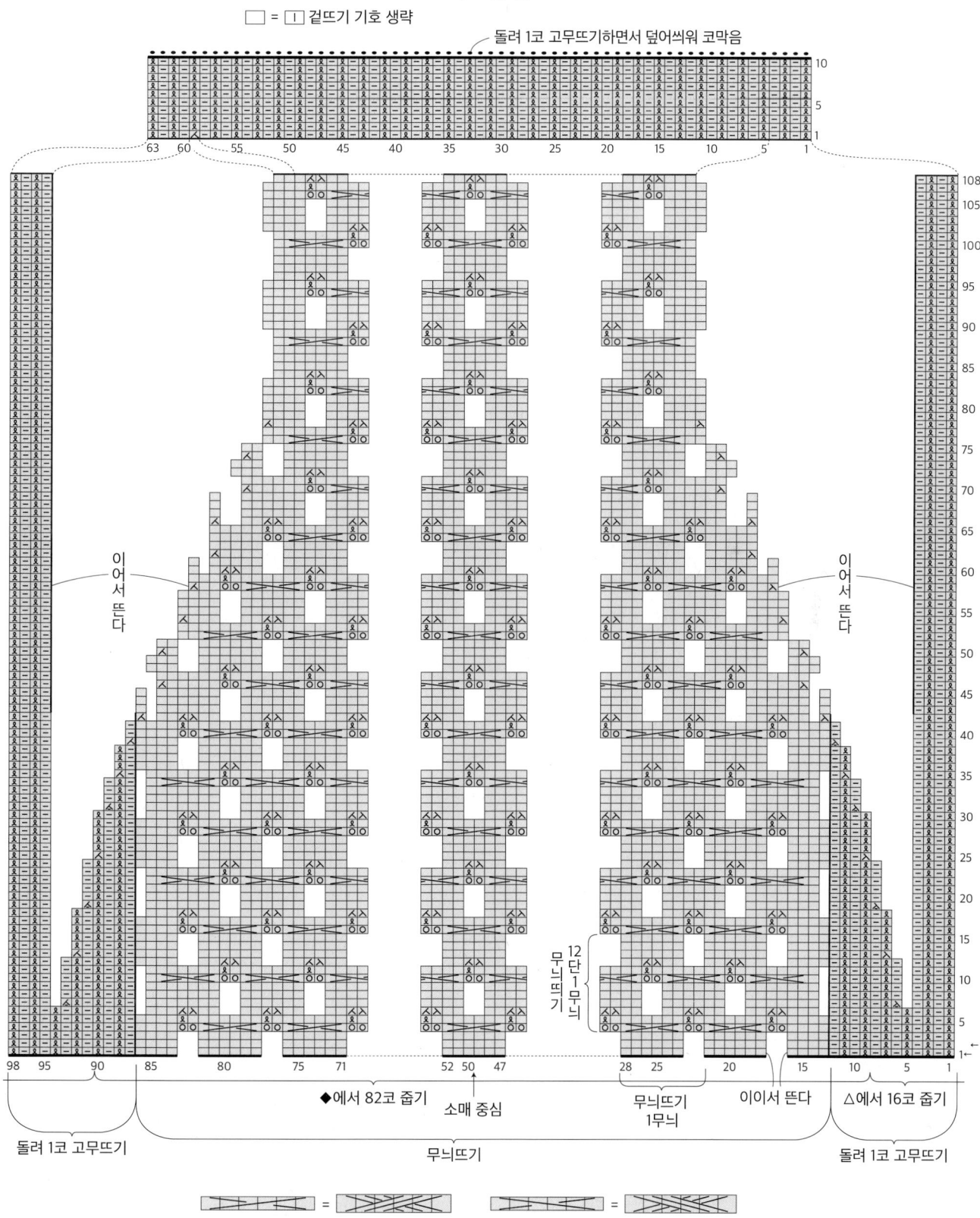

05 배색 풀오버 P.26

사용 실
하마나카 아메리
모카(23) 190g・인디민트(37) 75g
하마나카 모헤어
옅은 갈색(90) 110g・하늘색(3) 45g

도구
대바늘 13호(6mm), 10호(5.1mm), 8호(4.5mm)(4・5개짜리 양면 바늘 또는 줄바늘), 코바늘 6/0호(별실 코잡기용)

게이지(10×10㎝) 무늬뜨기 A(13호 대바늘) 13.5코×19.5단
완성 크기 가슴둘레 103㎝, 총장 50㎝, 소매길이 약 75.5㎝

뜨는 법
1. 별실 코잡기를 만들어서 무늬뜨기 A로 요크를 원통뜨기합니다.
2. 요크에서 코를 주워서 무늬뜨기 A로 앞뒤 단차를 6단 뜹니다.
3. 앞뒤 단차와 요크에서 코를 줍고, 옆선은 별실 코잡기를 만들어서 무늬뜨기 A, B로 앞뒤 몸판을 원형으로 뜬 다음 덮어씌워 코막음합니다.
4. 요크와 몸판에서 코를 주워서 무늬뜨기 A와 2코 고무뜨기로 소매를 원통뜨기한 다음 덮어씌워 코막음합니다.
5. 기초코를 풀어서 코를 줍고 2코 고무뜨기로 목둘레를 원통뜨기한 다음 덮어씌워 코막음합니다.
6. 목둘레 안쪽에 어깨가 늘어지는 것을 막기 위해 빼뜨기를 합니다.

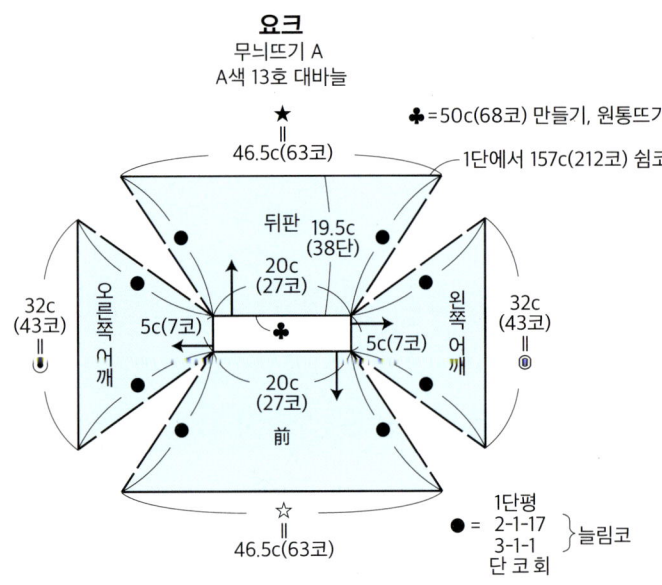

배색	
A색	인디민트×하늘색 2가닥
B색	모카×옅은 갈색 2가닥

목둘레 뜨는 법

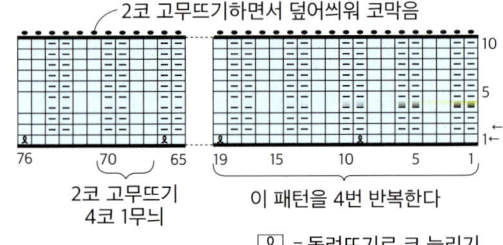

어깨 늘어짐 막기 뜨는 법

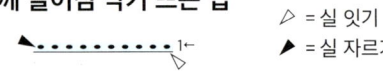

△ = 실 잇기
▲ = 실 자르기

요크 뜨는 법   ● = 목둘레 빼뜨기 코 줍는 위치

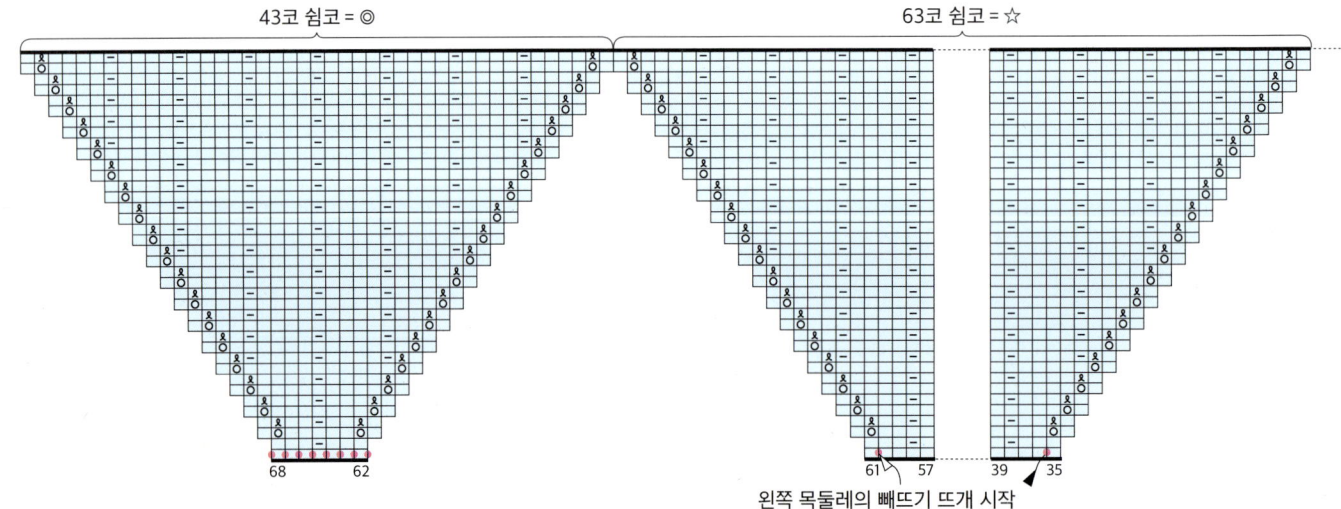

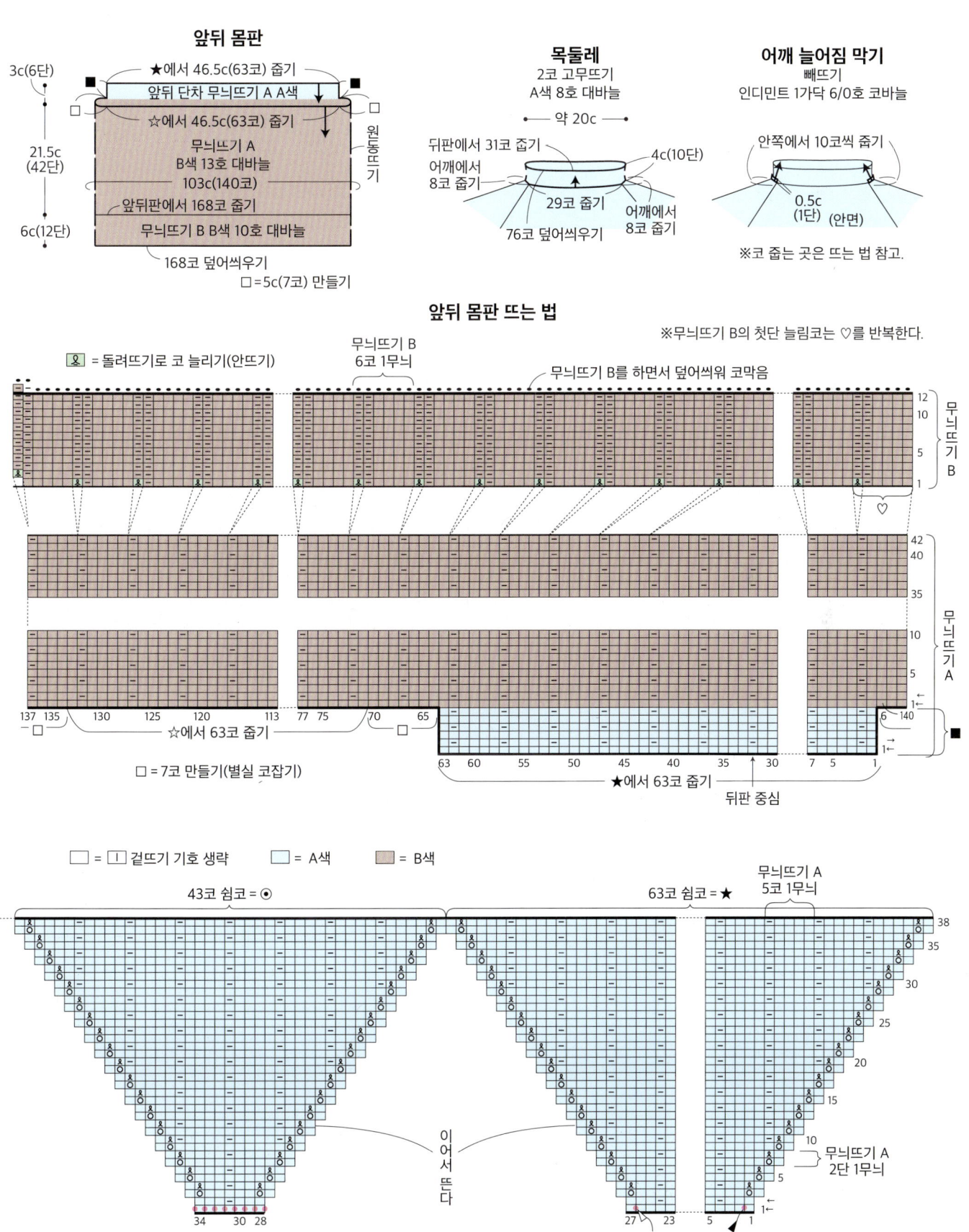

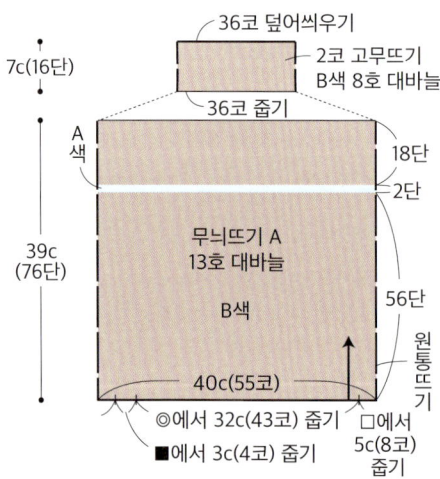

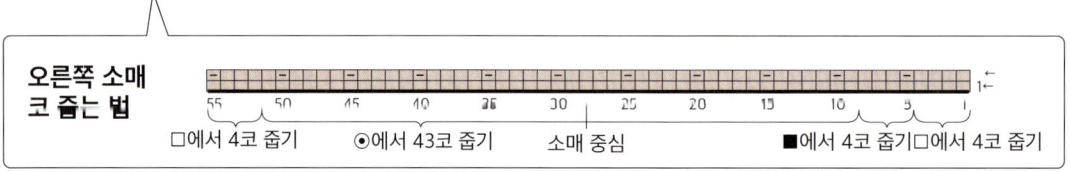

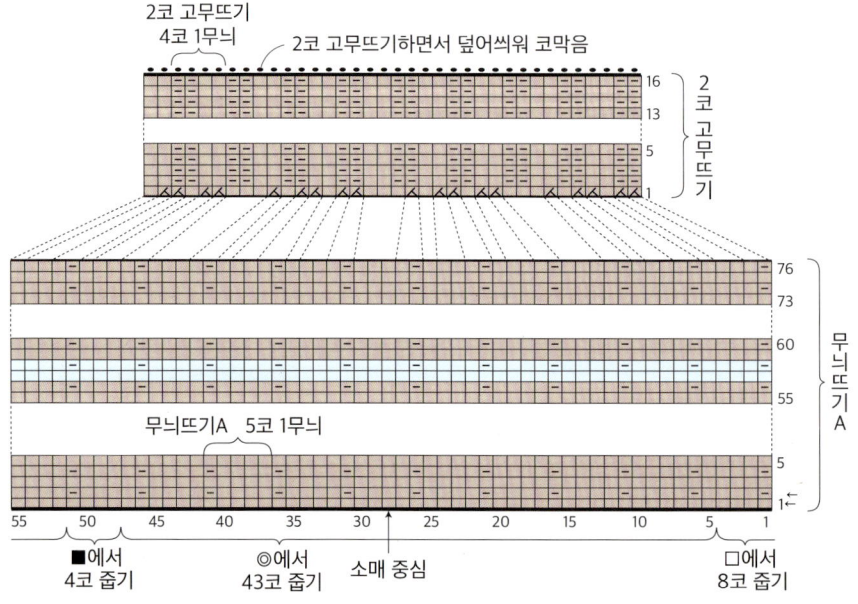

뒤몸판을 추가로 떠서 앞뒤 단차를 만드는 법

※알아 보기 쉽도록 부분별로 실색을 다르게 했습니다.

뒤몸판 쪽을 추가로 떠서 앞뒤 단차를 만드는 방법입니다. 01 작품과 같은 방법으로 뒤몸판 쪽을 더 길게 해서 착용감을 더욱 좋게 만들었습니다.

앞뒤 단차 뜨기

1 요크를 완성했습니다. 계속해서 뒤몸판에 무늬뜨기 A를 6단 뜹니다.

2 6단을 떴습니다. 이 6단이 앞뒤 단차가 됩니다.

옆선 만들고 앞뒤 몸판 뜨기

3 앞뒤 단차·앞몸판을 바늘에 옮겨 놓고, 왼쪽·오른쪽 어깨에는 각각 다른 실을 끼워서 쉼코해 둡니다.

4 앞뒤 단차에서 뜨개를 시작해서 사슬뜨기 코에서 왼쪽의 옆선 코를 줍습니다(P.59 참고). 계속해서 앞몸판을 뜹니다.

5 앞몸판과 앞뒤 단차 사이의 오른쪽 옆선도 같은 방법으로 사슬뜨기에서 코를 줍습니다. 첫단을 완성했습니다.

6 단의 경계 코에 단수링을 끼고 앞뒤 몸판을 원형으로 뜹니다.

원하는 기장이 될 때까지 뜨면 됩니다(P.59 참고).

옆선과 왼쪽 어깨 코를 바늘에 끼우기

7 옆선에서 8코를 줍고 별실 코잡기를 풀었습니다(P.60 참고).

왼쪽 소매

8 왼쪽 어깨의 쉼코를 바늘로 옮깁니다. 옆선 중심에서 왼쪽 소매를 뜨개를 시작합니다. 옆선→어깨→앞뒤 단차→옆선 순서로 뜹니다.

(말풍선) 80㎝ 줄바늘을 사용했습니다.

9 옆선 중심에서 4코를 주웠습니다. 어깨에서 주운 첫코는 돌려뜨기하면서 2코 모아뜨기와 같은 방법으로 뜨면 몸판과 이어진 틈에 구멍이 잘 생기지 않습니다. 화살표처럼 오른쪽 바늘로 옆선과 소매 사이에 걸쳐진 실을 끌어올립니다.

(말풍선) 늘어진 코를 잡아당기면서 정리하는 것도 좋은 방법입니다(P.64 참고).

10 돌려뜨기로 코 늘리기와 같은 방법으로 끌어올린 실을 왼쪽 바늘로 옮기고 (P.57 참고), 화살표처럼 바늘을 넣어서 왼쪽 어깨의 첫코와 두 번째 코를 함께 겉뜨기합니다.

11 양쪽 코가 꼬인 상태로 첫코를 완성했습니다. 계속해서 소매를 뜹니다.

12 앞뒤 단차에서 4코를 줍습니다. 화살표처럼 앞뒤 단차 단의 가장자리 코와 두 번째 코 사이에 바늘을 넣어서 실을 빼냅니다.

13 4코를 주웠습니다. 남은 옆선에서도 코를 주워서 소매를 원형으로 뜹니다.

14 소매를 2단 완성했습니다. 옆선과 소매 사이의 구멍이 눈에 띄지 않도록 떴습니다.

오른쪽 소매

15 오른쪽 소매는 왼쪽 소매와 뜨는 순서가 바뀝니다. 옆선→앞뒤 단차→어깨→옆선 순으로 뜹니다.

16 앞뒤 단차에서 4코를 주웠습니다. 어깨에서 주운 첫코는 구멍이 생기지 않도록 9~11과 같은 방법으로 돌려뜨기하면서 2코 모아뜨기하면 좋습니다.

80㎝ 줄바늘을 사용해서 매직 루프로 뜹니다.

17 뜨는 법을 참고해서 소매를 원통뜨기합니다.

06/07 가터뜨기 카디건 P.28

사용 실 하마나카 아란 트위드
06 오트밀(2) 635g
07 인디핑크(5) 460g
부자재 단추(지름 20㎜) **06** 5개 **07** 4개
도구 대바늘 10호(5.1mm), 8호(4.5mm)
(2개짜리 한쪽 막힘 바늘, 4・5개짜리 양면 바늘 또는 줄바늘), 코바늘 8/0호(별실 코잡기용)

게이지(10×10㎝) 가터뜨기 16코×30단
완성 크기 가슴둘레 120㎝, 총장 **06** 75.5㎝ **07** 50㎝, 소매길이 약 67.5㎝
뜨는 법
1 일반 코잡기로 기초코를 만들어서 1코 고무뜨기로 목둘레, 가터뜨기로 요크를 뜹니다.
2 요크에서 코를 주워서 가터뜨기로 앞뒤 단차를 8단 뜹니다.
3 앞뒤 단차와 요크에서 코를 줍고 옆선 부분은 별실 코잡기로 만들어두고 가터뜨기로 앞뒤 몸판을 뜬 다음 덮어씌워 코막음합니다.
4 요크와 몸판에서 코를 주워서 가터뜨기로 소매를 원통뜨기한 다음 덮어씌워 코막음합니다.
5 단추를 답니다.

목둘레 뜨는 법

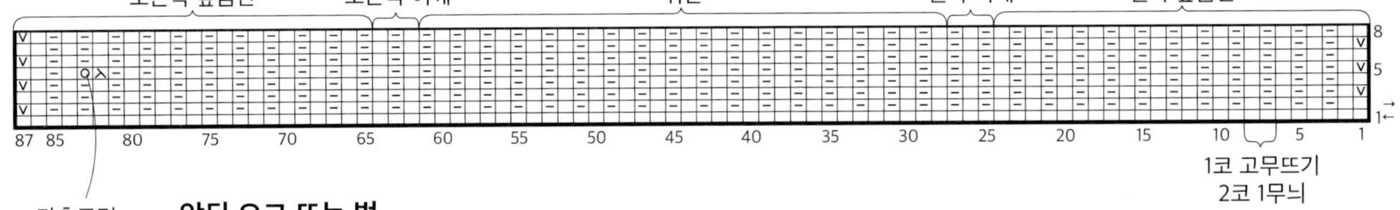

오른쪽 앞몸판
오른쪽 어깨
뒤판
왼쪽 어깨
왼쪽 앞몸판
8
5
1
87 85 80 75 70 65 60 55 50 45 40 35 30 25 20 15 10 5 1
1코 고무뜨기
2코 1무늬
단춧구멍

앞뒤 요크 뜨는 법

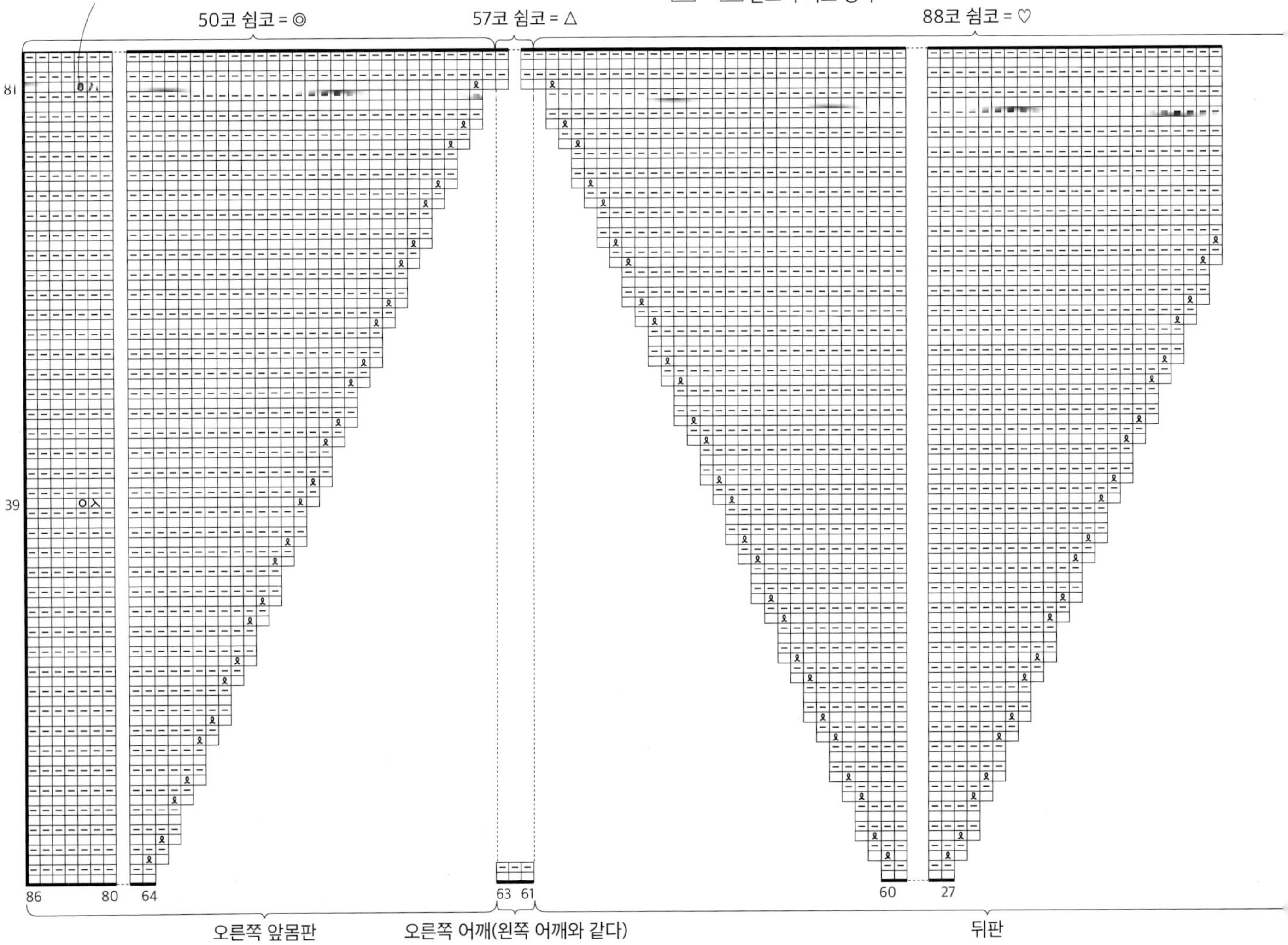

□ = Ⅰ 겉뜨기 기호 생략
50코 쉼코 = ◎
57코 쉼코 = △
88코 쉼코 = ♡
81
39
86 80 64
63 61
60 27
오른쪽 앞몸판
오른쪽 어깨(왼쪽 어깨와 같다)
뒤판

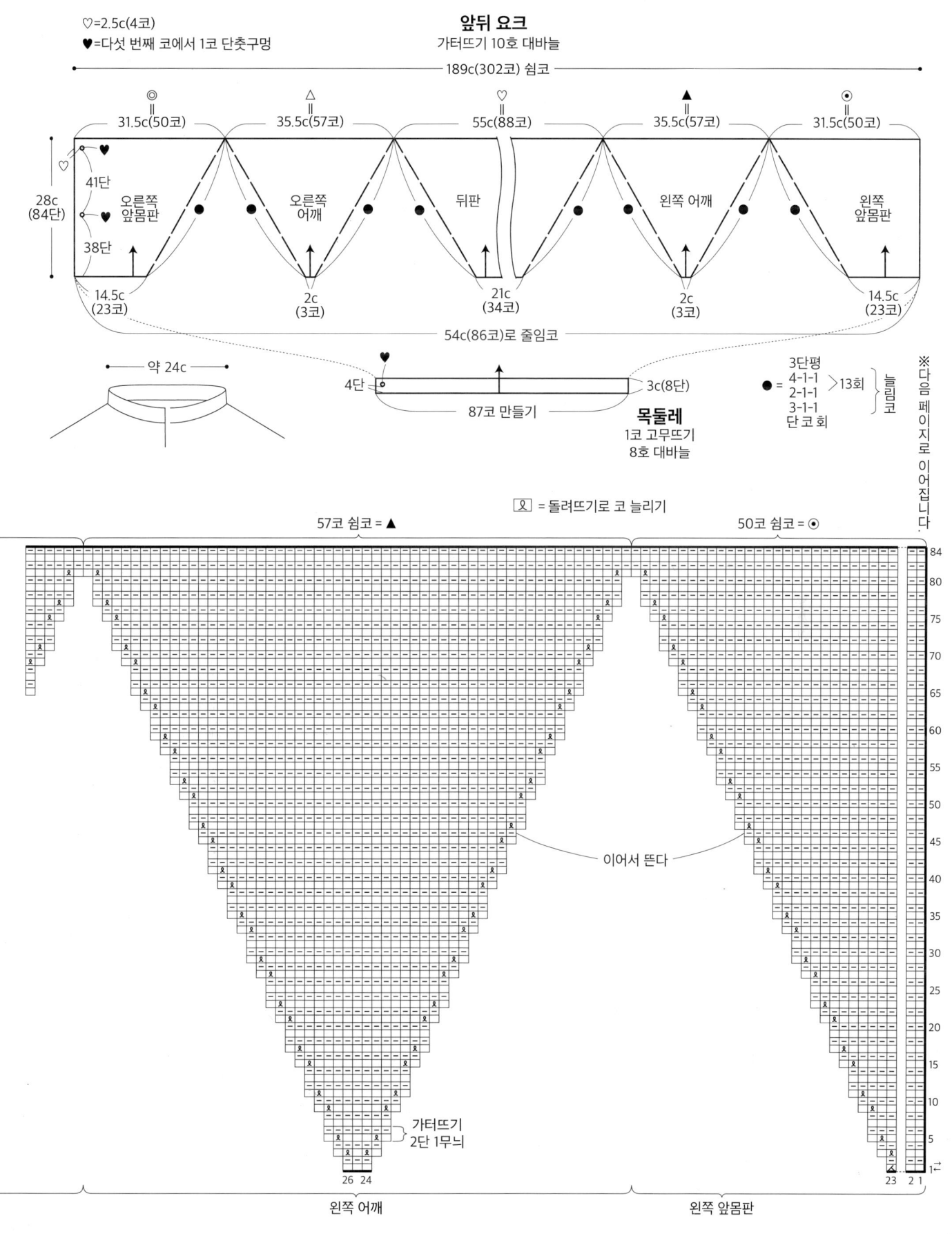

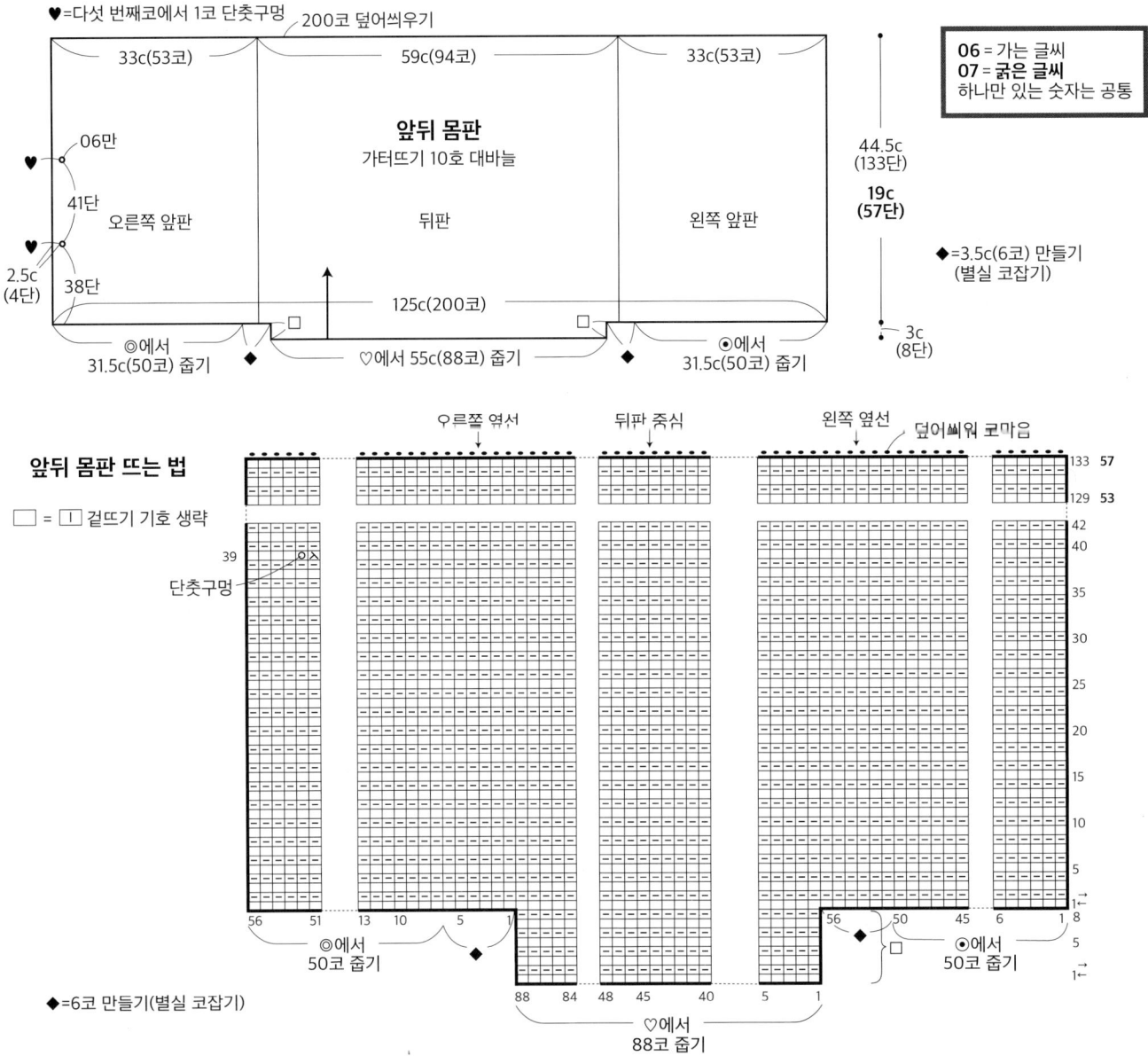

왼쪽 소매 뜨는 법

※오른쪽 소매는 ◆·△·□에서 코를 주워서 왼쪽 소매와 같은 방법으로 뜬다.

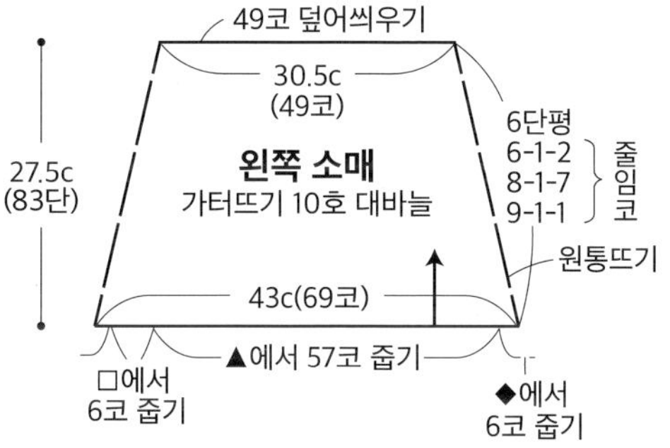

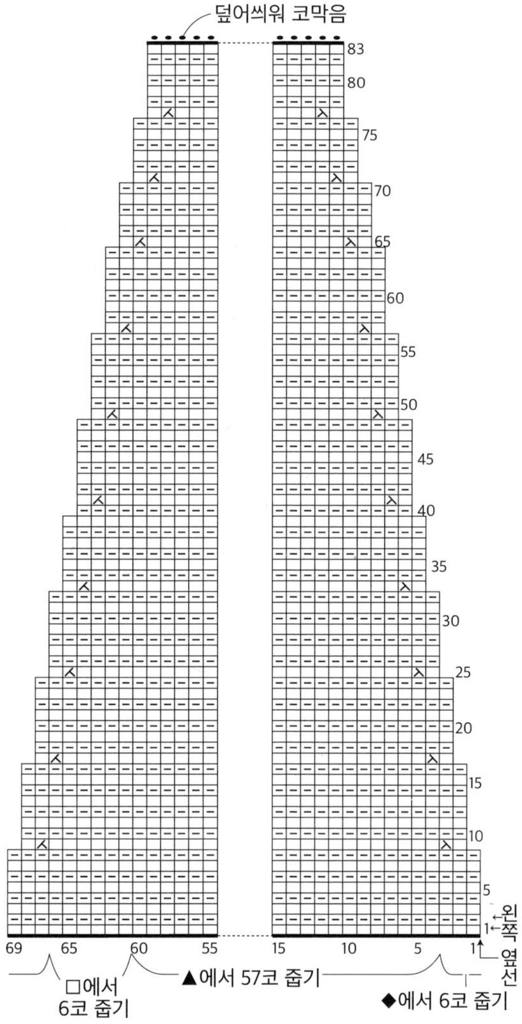

49코 덮어씌우기
30.5c
(49코)
6단평
6-1-2
8-1-7
9-1-1
줄임코
27.5c
(83단)
왼쪽 소매
가터뜨기 10호 대바늘
원통뜨기
43c(69코)
□에서
6코 줍기
▲에서 57코 줍기
◆에서
6코 줍기

덮어씌워 코막음
83
80
75
70
65
60
55
50
45
40
35
30
25
20
15
10
5
1
왼쪽
옆선
69
65
60
55
15
10
5
1
□에서
6코 줍기
▲에서 57코 줍기
◆에서 6코 줍기

08 지그재그 무늬 배색 풀오버 P.30

사용 실 하마나카 아메리
네이비(17) 265g · 아이보리(20) 90g
회색(22) 40g
도구 대바늘 7호(4.2mm),
5호(3.6mm)(4·5개짜리 양면 바늘 또는 줄바늘)

게이지(10×10cm) 배색무늬뜨기 A~D 21.5코×25단
메리야스뜨기 20코×26.5단
완성 크기 가슴둘레 111cm, 총장 56.5cm, 소매길이 약 85cm

뜨는 법

1. 일반 코잡기로 기초코를 만들어서 2코 고무뜨기, 배색무늬뜨기 A~D(안면에 실을 가로로 걸치는 방법)로 요크를 원통뜨기합니다.
2. 요크에서 코를 주워서 메리야스뜨기로 앞뒤 단차 8단을 뜹니다.
3. 요크와 앞뒤 단차에서 코를 줍고, 옆선 부분은 감아코로 코를 만들어서 메리야스뜨기, 2코 고무뜨기로 앞뒤 몸판을 원통뜨기한 다음 덮어씌워 코막음합니다.
4. 요크와 몸판에서 코를 주워서 메리야스뜨기, 배색무늬뜨기 D, 2코 고무뜨기로 소매를 원통뜨기한 다음 덮어씌워 코막음합니다.

배색무늬뜨기 A~D 뜨는 법

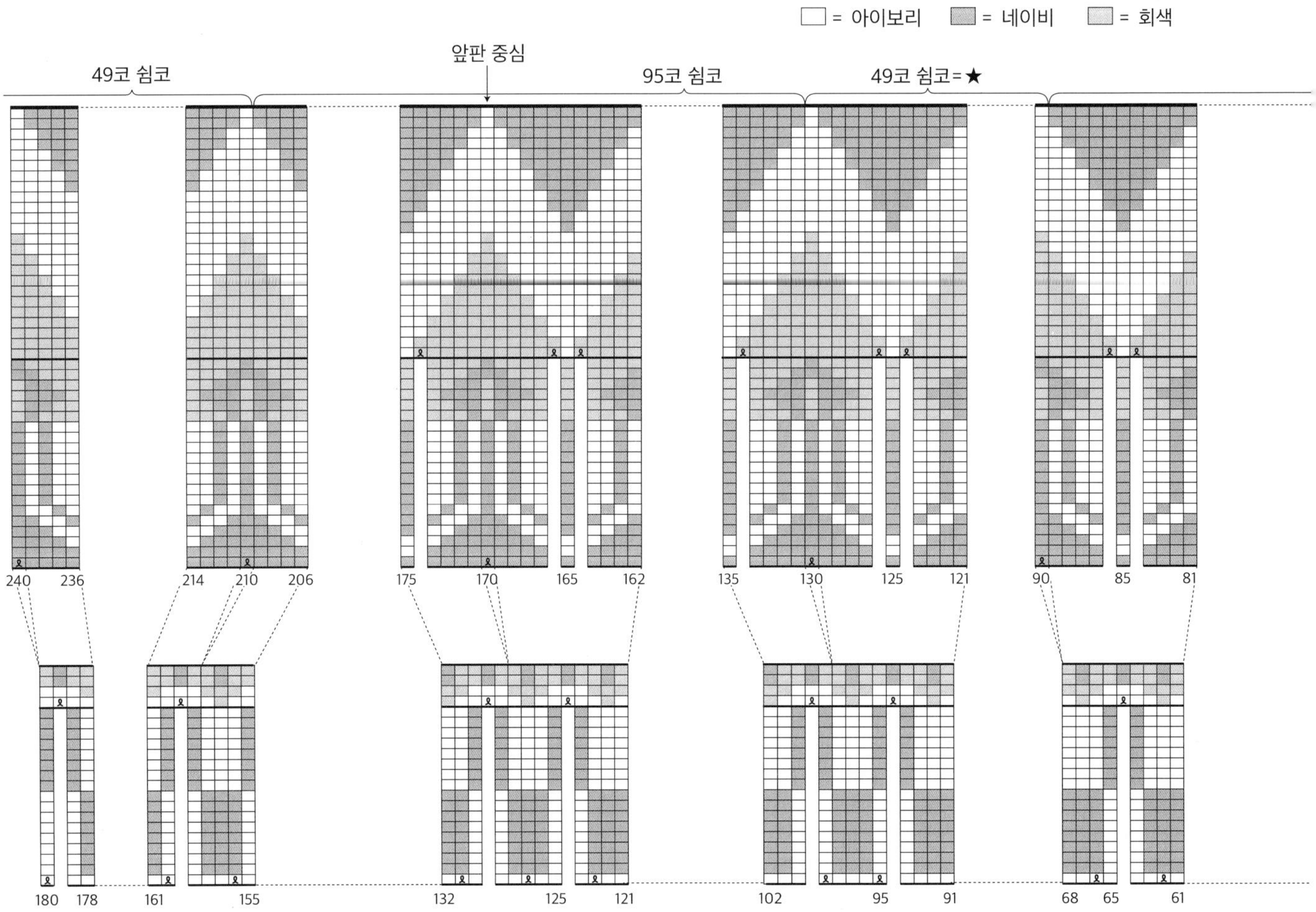

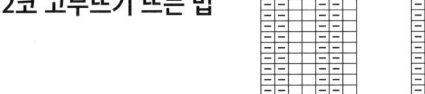

2코 고무뜨기 뜨는 법

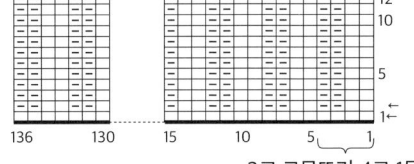

2코 고무뜨기 4코 1무늬

요크

◎ = 23단평 / 20-1-48-1 / 4-1-24-1 / 18-1-36-1 / 단 코 곳 회 } 분산 늘림코

A=배색무늬뜨기A
B=배색무늬뜨기B
C=배색무늬뜨기C
D=배색무늬뜨기D

※배색무늬뜨기는 모두 7호 대바늘로 뜬다.

□ = [I] 겉뜨기 기호 생략 [ꝋ] = 돌려뜨기로 코 늘리기

※다음 페이지로 이어집니다.

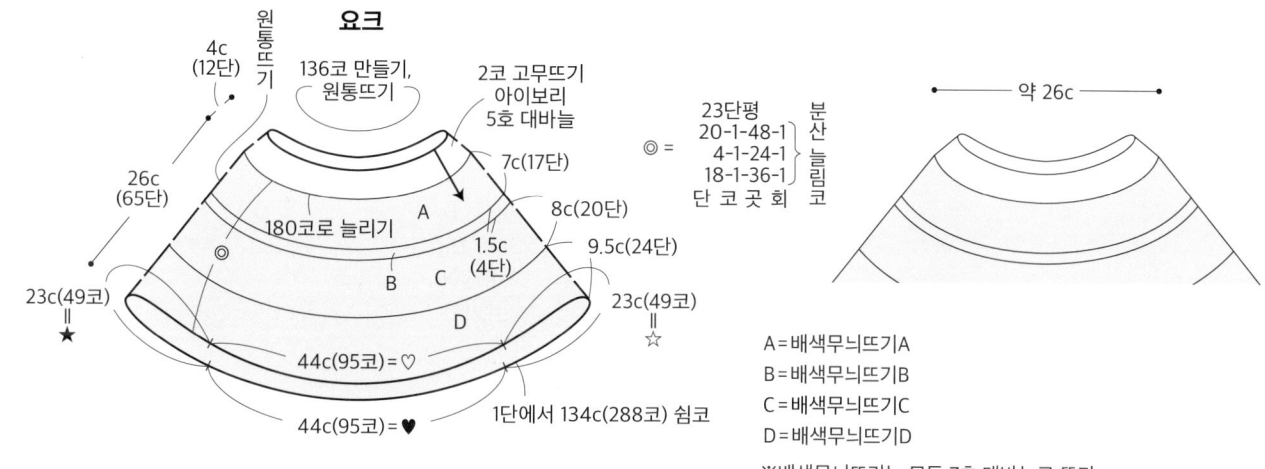

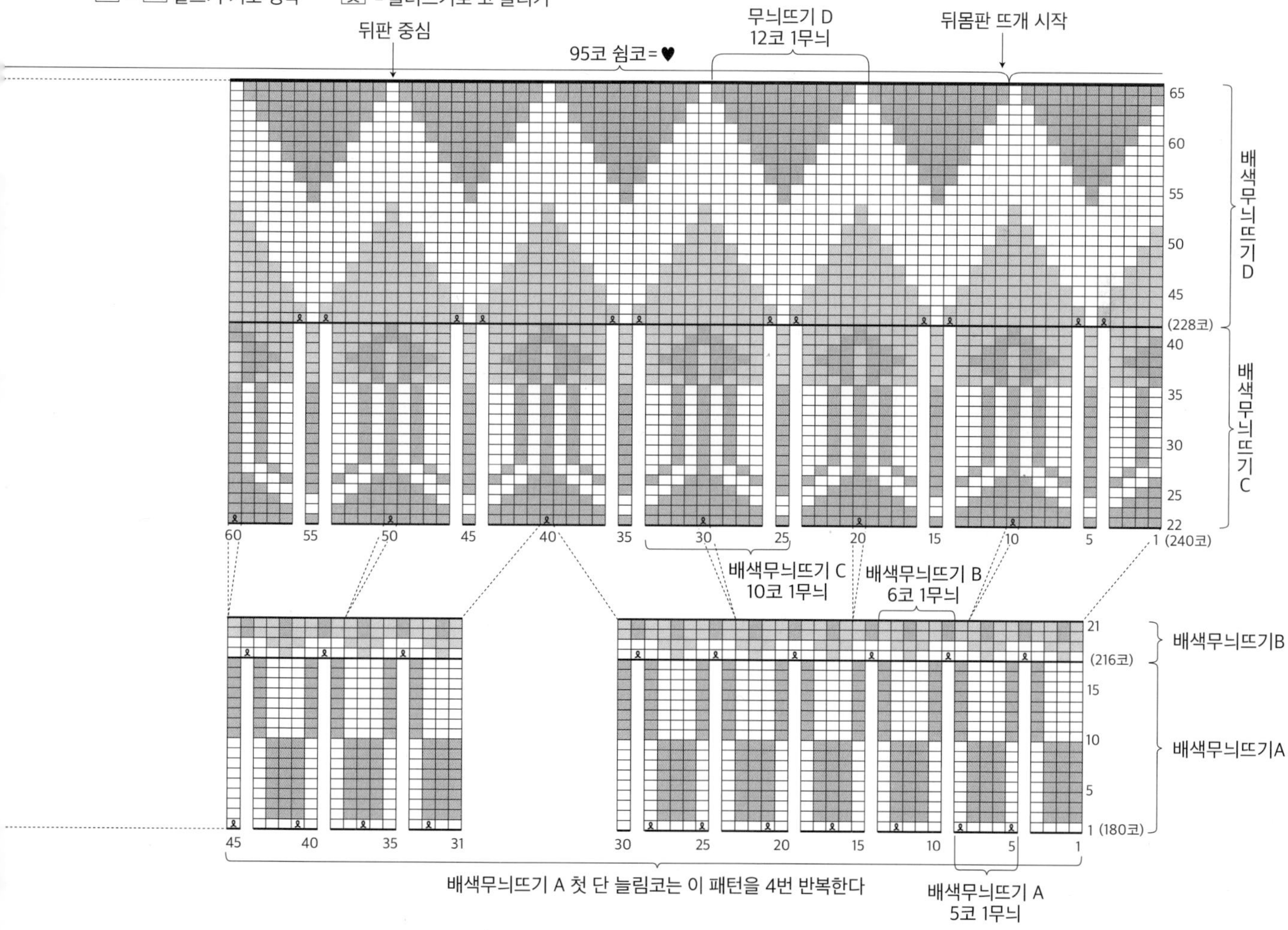

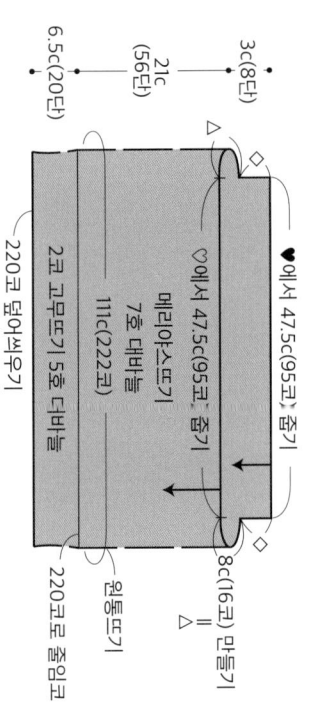

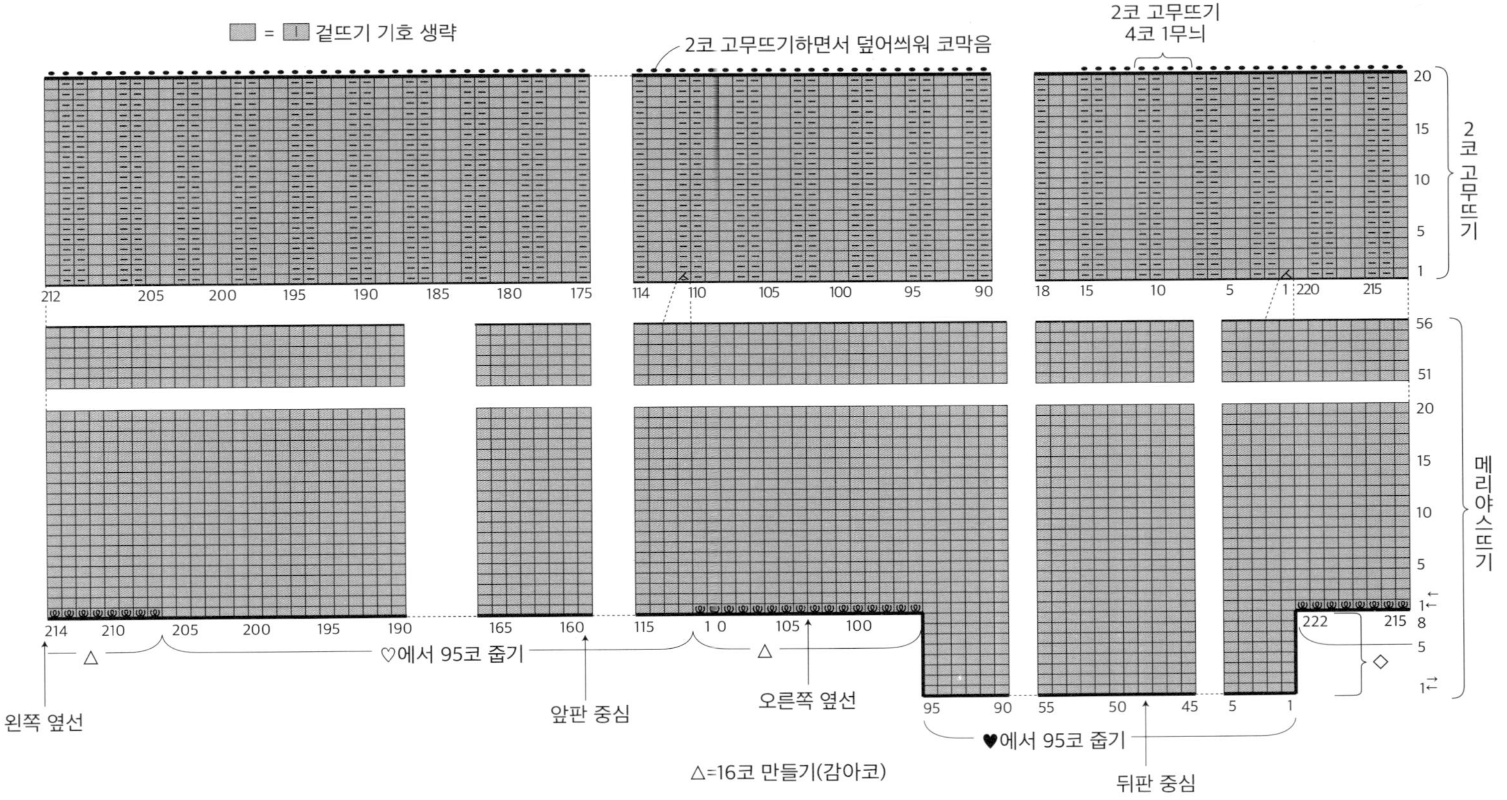

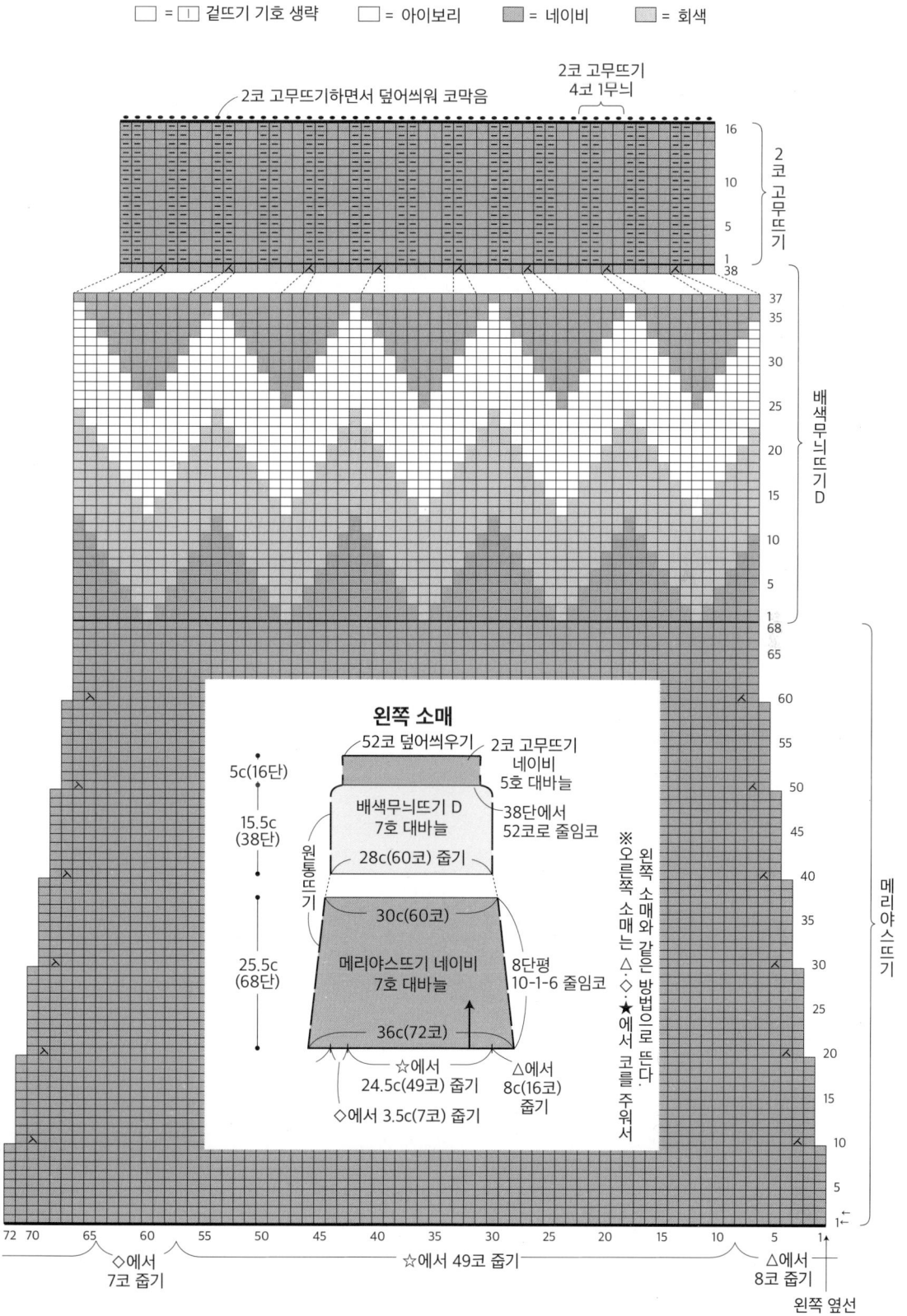

09/10 은방울꽃무늬 배색 풀오버   P.32

사용 실 하마나카 아메리
09 카키(38) 190g・아이보리(20) 55g
10 회색(22) 230g・아이보리(20) 25g・인디민트(37)
15g・그레이 퍼플(35) 6g・겨자(41) 5g
도구 대바늘 4호(3.3mm), 6호(3.9mm)
(4・5개짜리 양면 바늘 또는 줄바늘)
코바늘 6/0호(별실 코잡기)

게이지(10×10cm) 배색무늬뜨기 20코×25.5단
메리야스뜨기 20코×31단
완성 크기 가슴둘레 105cm, 총장 09 42cm, 10 54cm, 소매길이 약 36.5cm

뜨는 법

1. 별실 코잡기를 만들어서 배색무늬뜨기(안면에 실을 가로로 걸치는 방법)로 요크를 원통뜨기합니다.
2. 요크에서 코를 주워서 메리야스뜨기로 앞뒤 단차를 10단 뜹니다.
3. 요크와 앞뒤 단차에서 코를 줍고, 옆선 부분은 별실 코잡기를 만들어둔 뒤 메리야스뜨기, 1코 고무뜨기로 앞뒤 몸판을 원통뜨기한 다음 덮어씌워 코막음합니다.
4. 요크와 몸판에서 코를 주워서 1코 고무뜨기로 소맷부리를 원통뜨기한 다음 덮어씌워 코막음합니다.
5. 별실 코잡기를 풀어서 코를 줍고 1코 고무뜨기로 목둘레를 원통뜨기한 다음 덮어씌워 코막음합니다.

배색	바탕실	배색실 1	배색실 2	배색실3	배색실4
09	카키	아이보리			
10	회색	아이보리	겨자	인디민트	그레이 퍼플

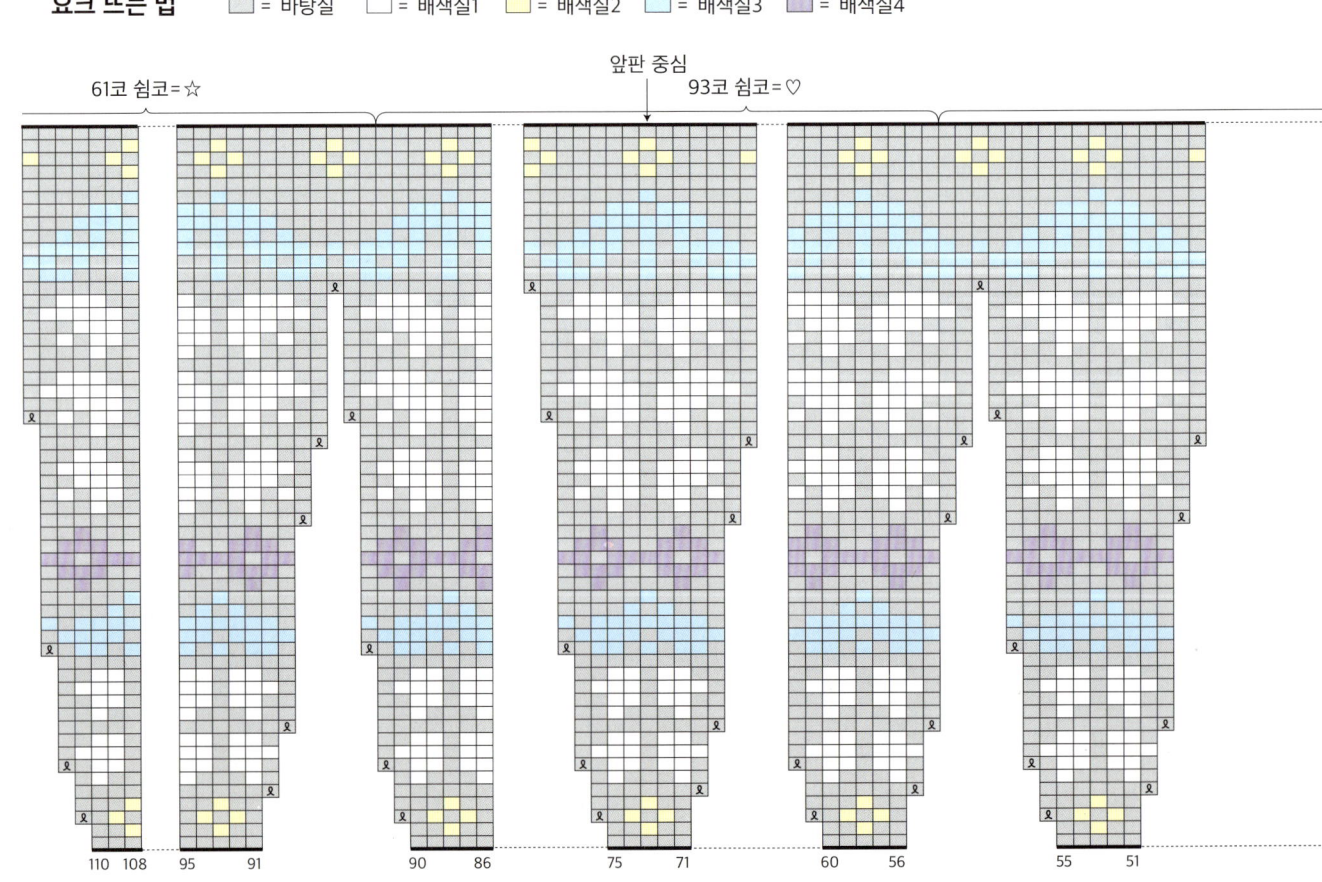

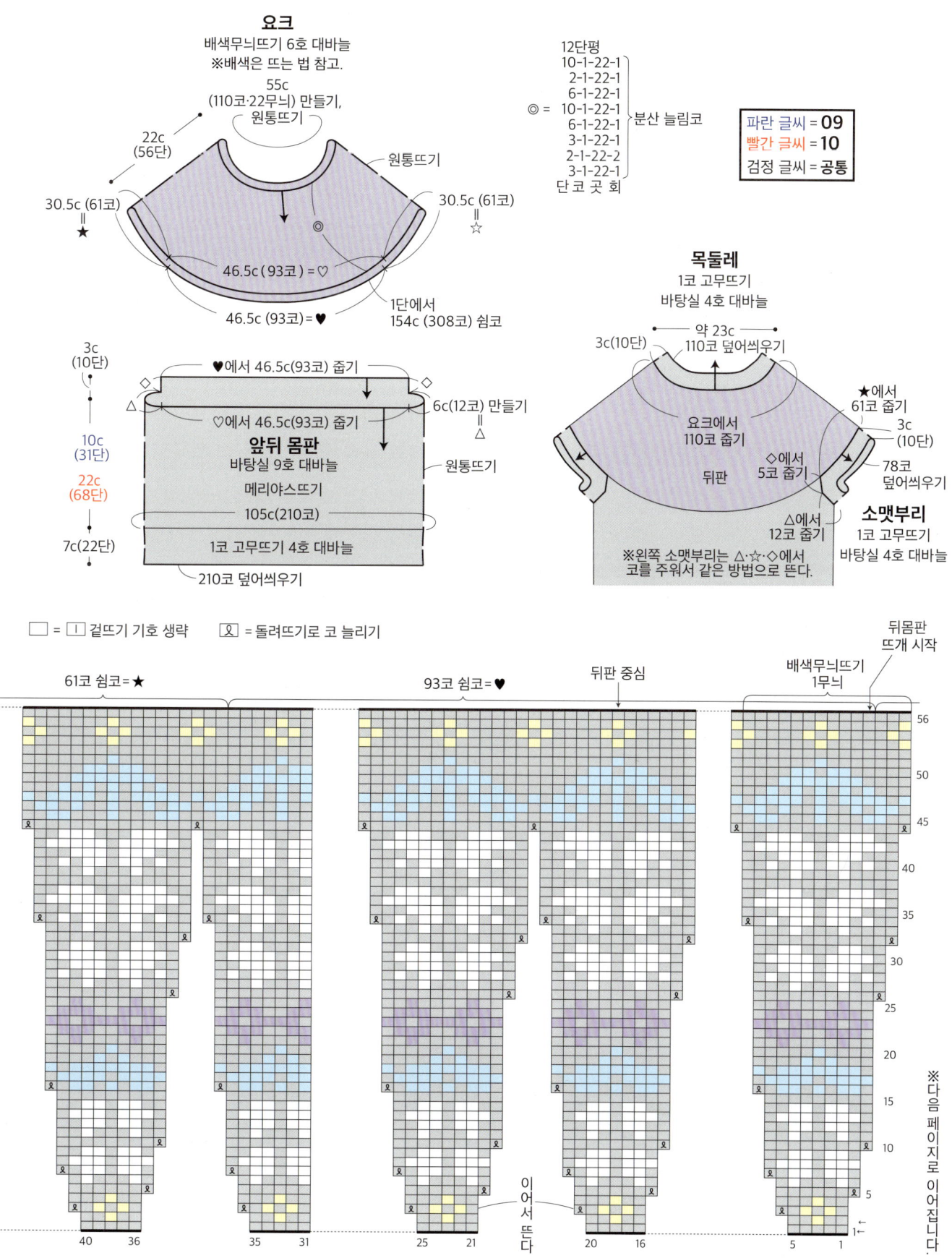

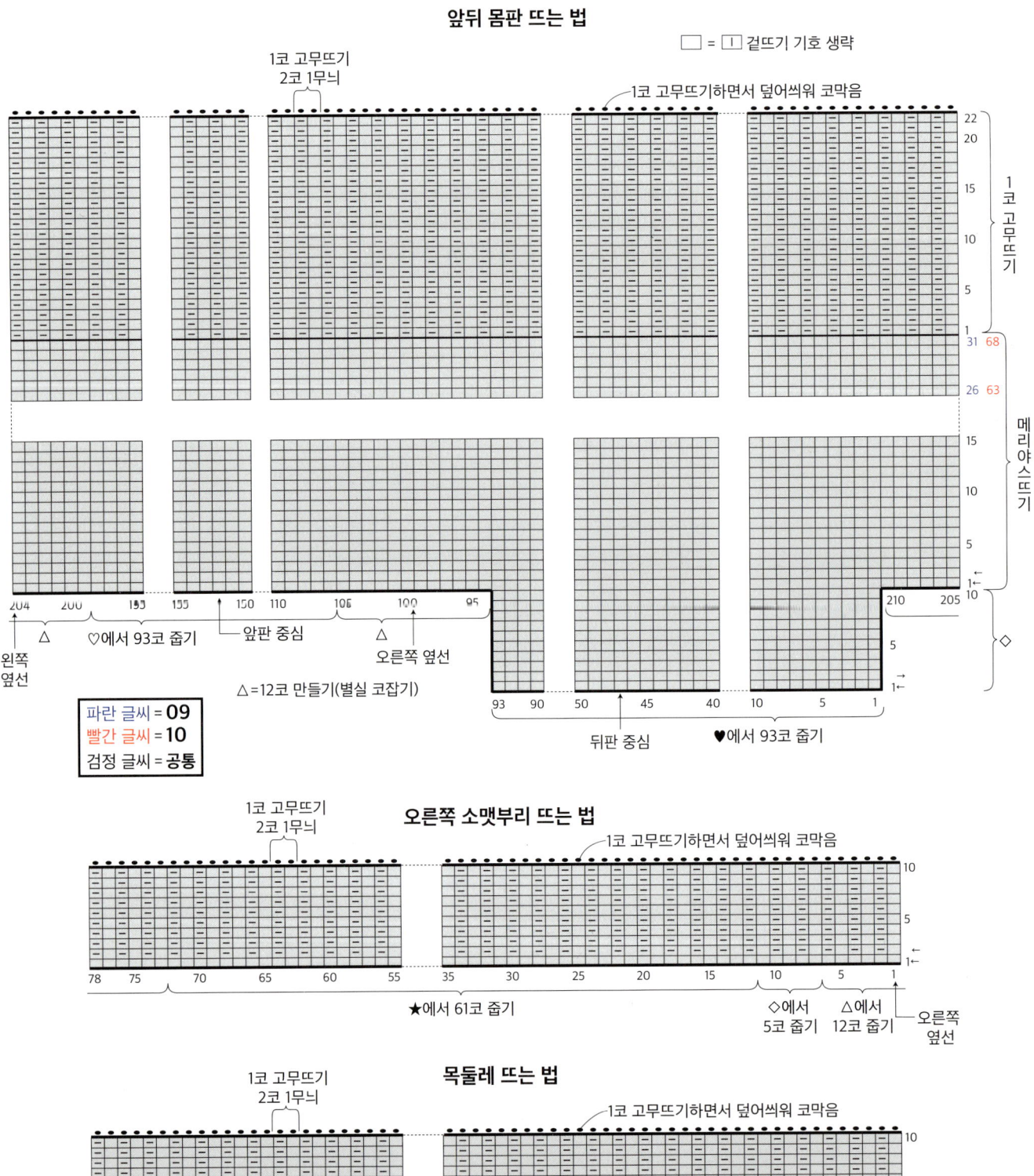

11 루프얀 풀오버 P.34

사용 실
하마나카 소노모노 알파카 부클레
연그레이(154) 370g
하마나카 아메리·주홍색(55) 15g

도구
대바늘 8호(4.5mm), 6호(3.9mm)
(4·5개짜리 양면 바늘 또는 줄바늘)
코바늘 6/0호(별실 코잡기용)

게이지(10×10cm)
메리야스뜨기 15코×21단

완성 크기
가슴둘레 116cm, 총장 60cm, 소매길이 약 83cm

뜨는 법

1. 신축성 있는 코잡기로 기초코를 만들어서 1코 고무뜨기로 목둘레, 메리야스뜨기로 앞뒤 요크를 원통뜨기합니다.
2. 앞뒤 요크에서 코를 주워서 메리야스뜨기로 앞뒤 단차를 8단 뜹니다.
3. 앞뒤 단차와 요크에서 코를 줍고, 옆선 부분은 별실 코잡기를 만들어서 메리야스뜨기, 1코 고무뜨기로 앞뒤 몸판을 원통뜨기한 다음 덮어씌워 코막음합니다.
4. 요크와 몸판에서 코를 주워서 메리야스뜨기와 1코 고무뜨기로 소매를 원통뜨기한 다음 덮어씌워 코막음합니다.

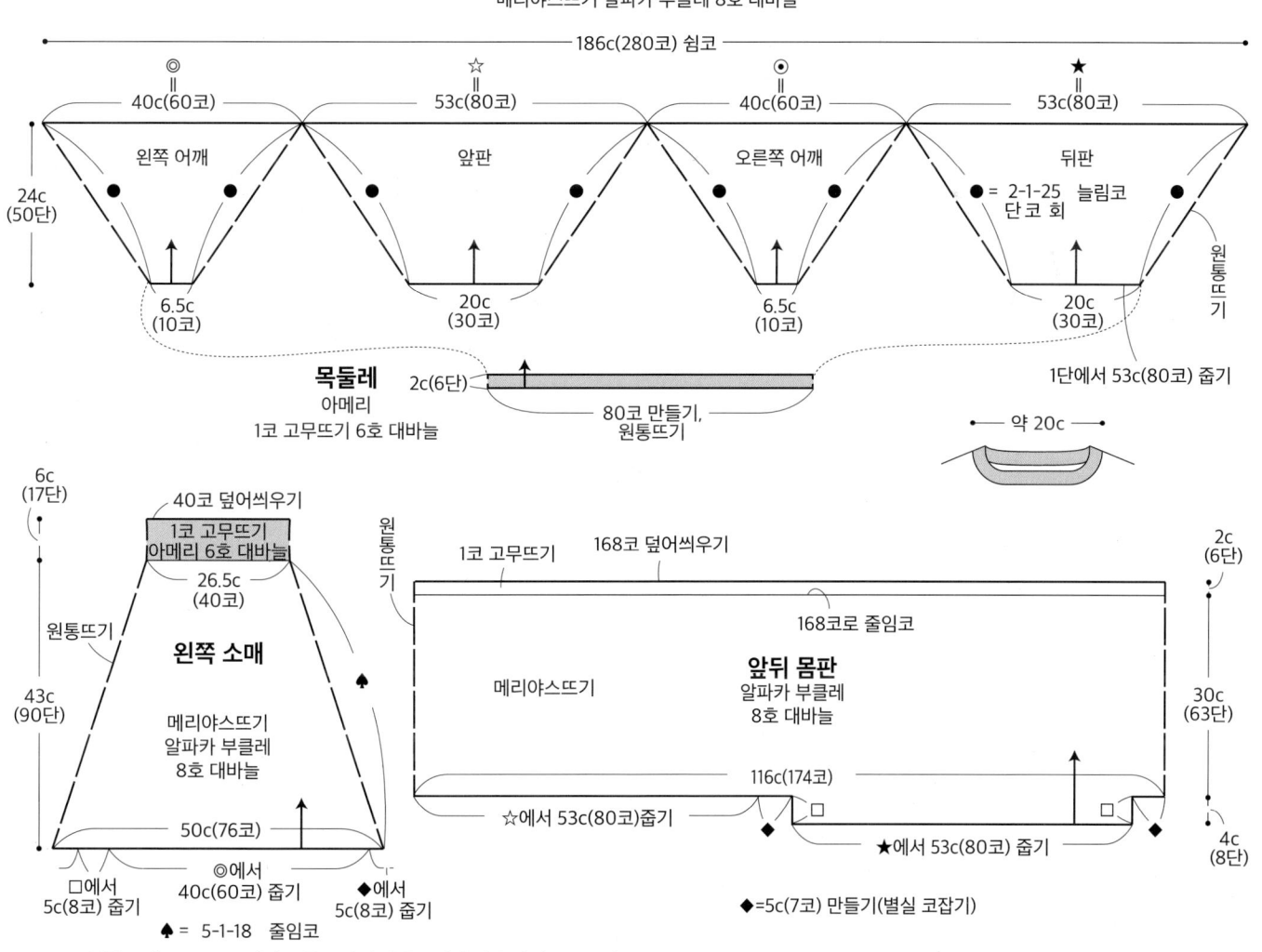

※다음 페이지로 이어집니다.

앞뒤 몸판 뜨는 법

※1코 고무뜨기 첫단의 줄임코는 ♡을 반복합니다.

◆=7코 만들기(별실 코잡기)

앞뒤 요크 뜨는 법

목둘레 뜨는 법

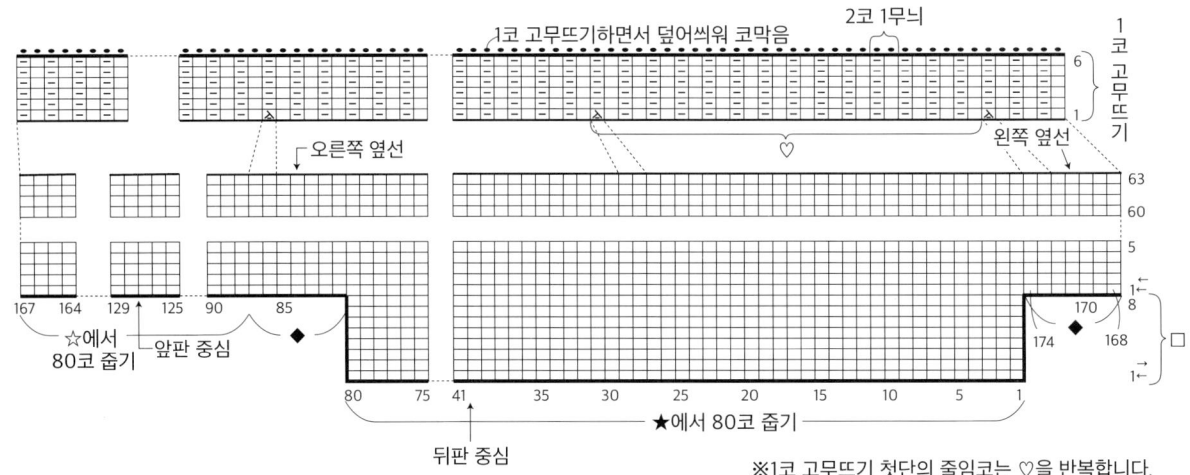

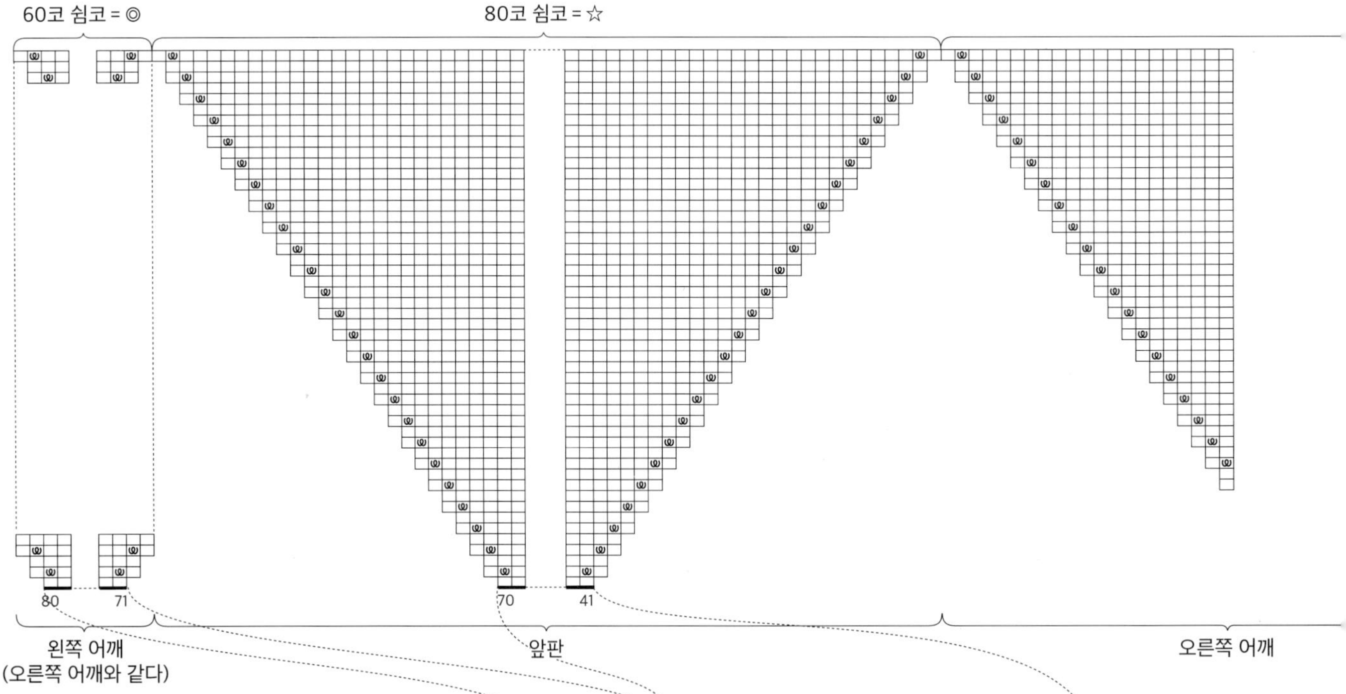

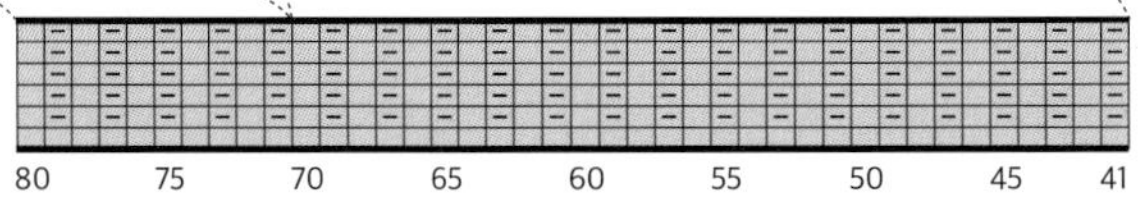

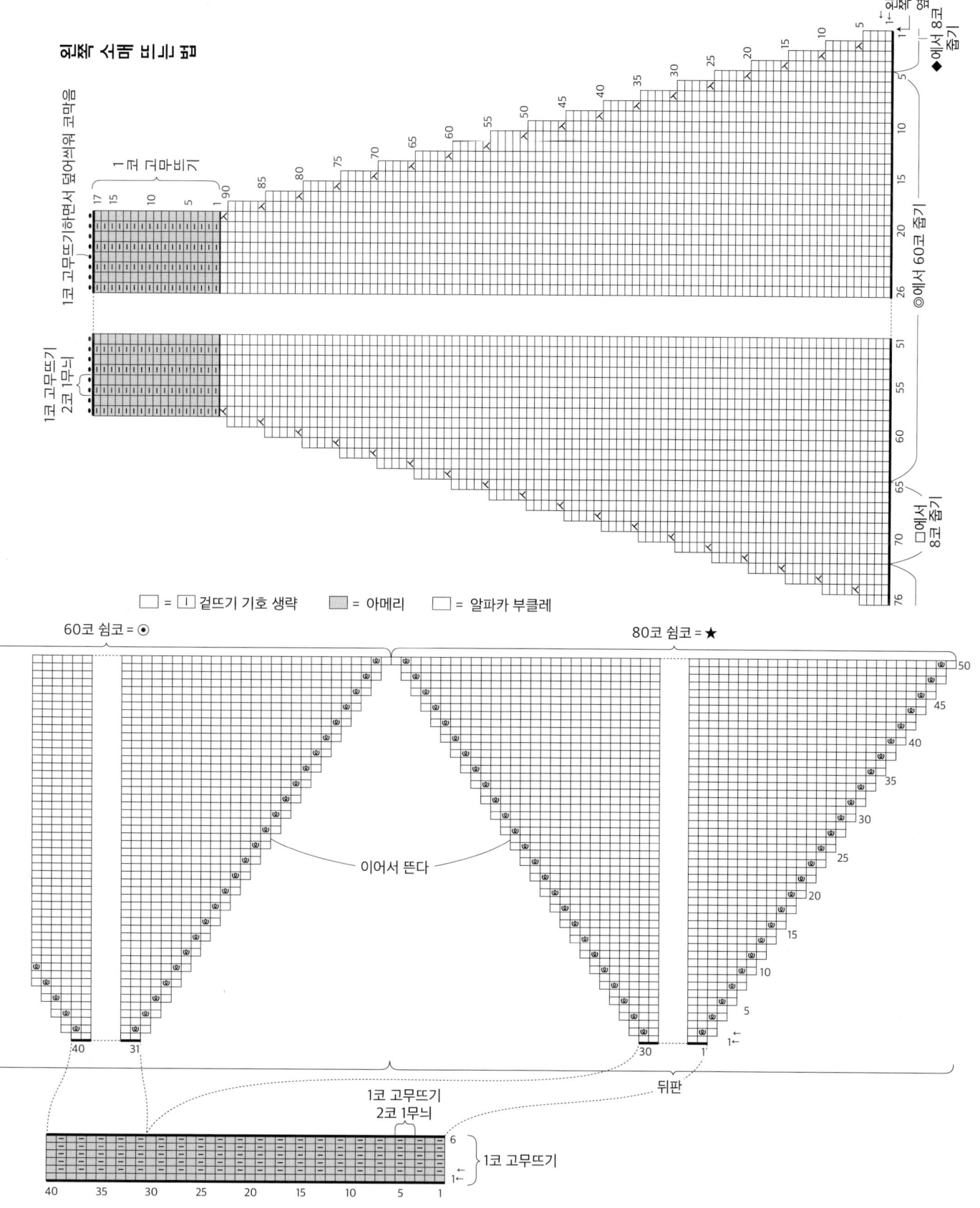

12 아란 무늬 풀오버 P.36

사용 실
하마나카 소노모노 알파카 릴리
연그레이(114) 380g

도구
대바늘 8호(4.5mm), 7호(4.2mm)
(4·5개짜리 양면 바늘 또는 줄바늘)
꽈배기바늘, 코바늘 6/0호(별실 코잡기용)

게이지(10×10㎝) 무늬뜨기(몸판 쪽) 22.5코×29.5단
메리야스뜨기 21코×27단

완성 크기 가슴둘레 112㎝, 총장 51㎝, 소매길이 약 72.5㎝

뜨는 법

1 일반 코잡기로 기초코를 만들어서 무늬뜨기로 요크를 원통뜨기합니다.
2 요크에서 코를 주워서 메리야스뜨기로 앞뒤 단차를 8단 뜹니다.
3 앞뒤 단차와 요크에서 코를 줍고, 옆선 부분은 별실 코잡기를 만들어서 메리야스뜨기, 1코 고무뜨기로 앞뒤 몸판을 원통뜨기한 다음 덮어씌워 코막음합니다.
4 요크와 몸판에서 코를 주워서 메리야스뜨기, 1코 고무뜨기로 소매를 원통뜨기한 다음 덮어씌워 코막음합니다.
5 기초코에서 코를 주워서 1코 고무뜨기로 목둘레를 원통뜨기한 다음 덮어씌워 코막음합니다.

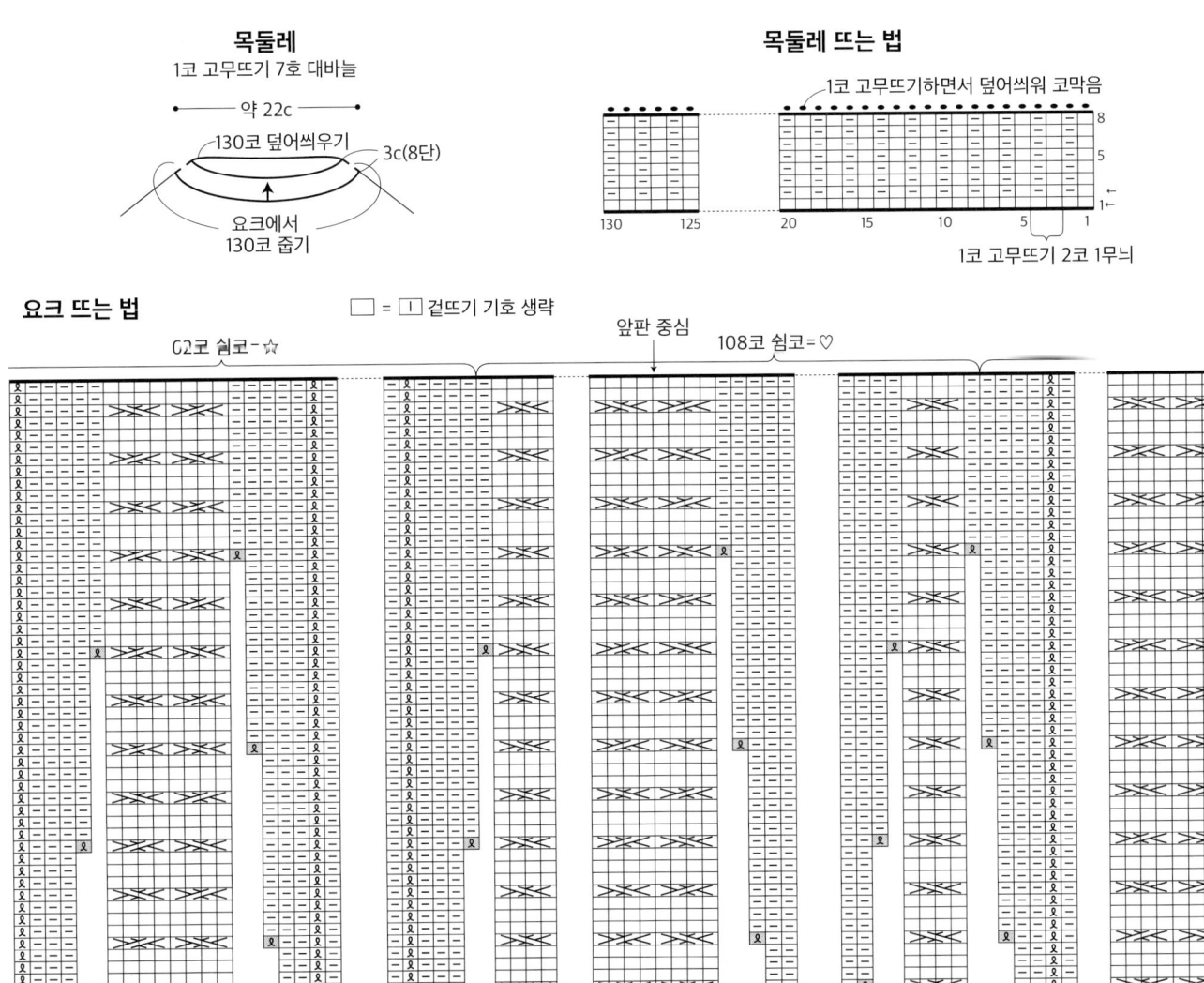

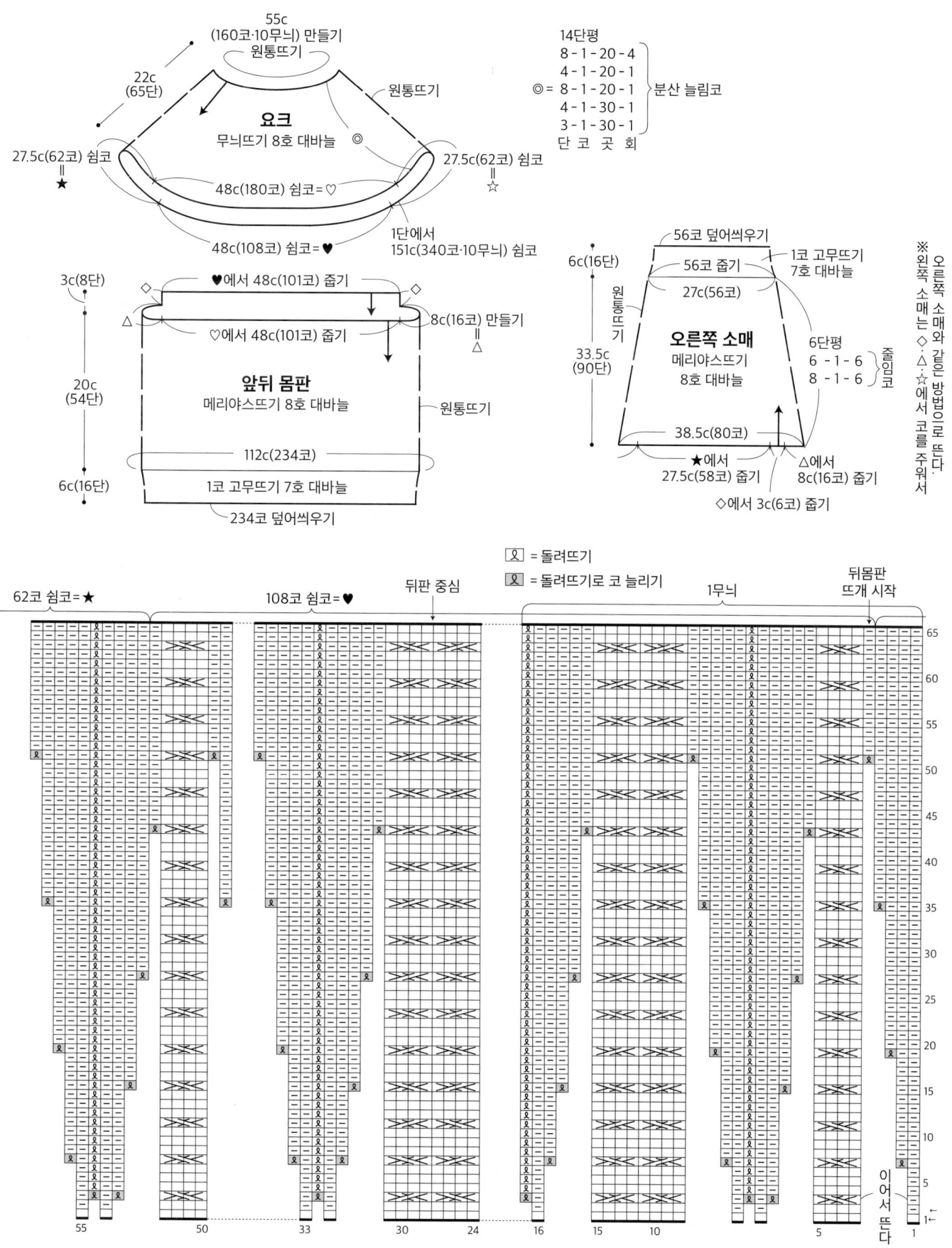

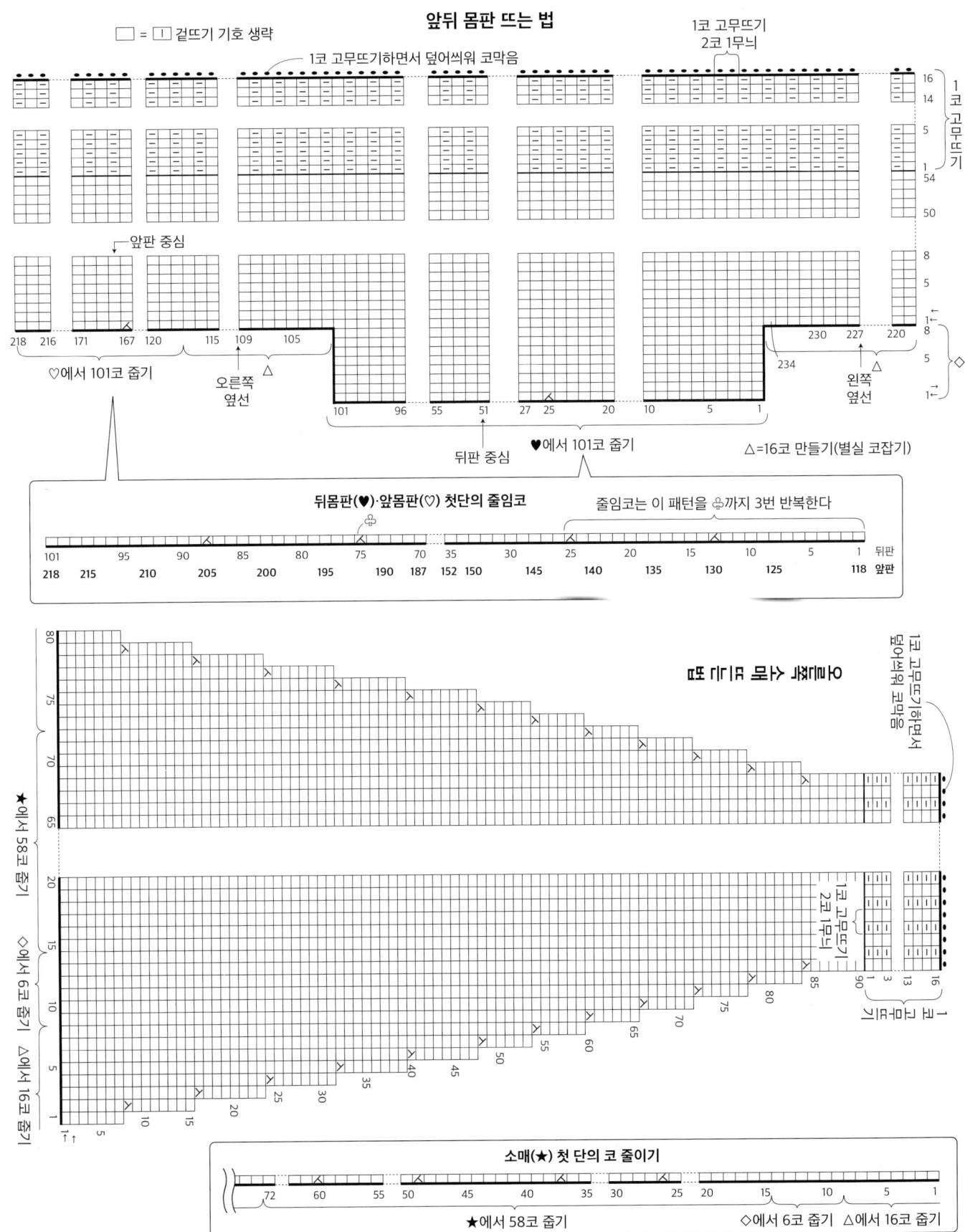

13 프릴 달린 풀오버 P.38

사용 실

하마나카 아메리 F《합태》

민트 그린(517) 210g

하마나카 모헤어

아이보리(61) 195g

도구

대바늘 8호(4.5mm), 7호(4.2mm),
6호(3.9mm)(4·5개짜리 양면 바늘 또는
줄바늘), 코바늘 7/0호

게이지(10×10㎝) 무늬뜨기 A(몸판 쪽) 1무늬(14코)=10.5㎝ 24.5단=10㎝

메리야스뜨기 16코×22단

완성 크기 가슴둘레 108㎝, 총장 50㎝, 소매길이 약 61.5㎝

뜨는 법 ※실은 모두 민트 그린 1가닥과 아이보리 1가닥을 합사해서 2가닥으로 뜬다.

1. 별실 코잡기로 시작해 무늬뜨기 A로 요크를 원통뜨기한 뒤, 덮어씌워 코막음합니다.
2. 요크에서 코를 주워 메리야스뜨기로 앞뒤 단차를 10단 뜹니다.
3. 앞뒤 단차와 요크에서 코를 줍고, 옆선 부분은 별실 코잡기를 만들어서 메리야스뜨기, 1코 고무뜨기로 앞뒤 몸판을 원통뜨기한 다음 덮어씌워 코막음합니다.
4. 요크와 몸판에서 코를 주워서 메리야스뜨기, 1코 고무뜨기로 소매를 원통뜨기한 다음 덮어씌워 코막음합니다.
5. 요크에서 코를 주워서 무늬뜨기 B로 프릴을 원통뜨기한 뒤, 덮어씌워 코막음합니다.
6. 별실 코잡기를 풀어서 코를 줍고 1코 고무뜨기로 목둘레를 원통뜨기한 뒤, 덮어씌워 코막음합니다.

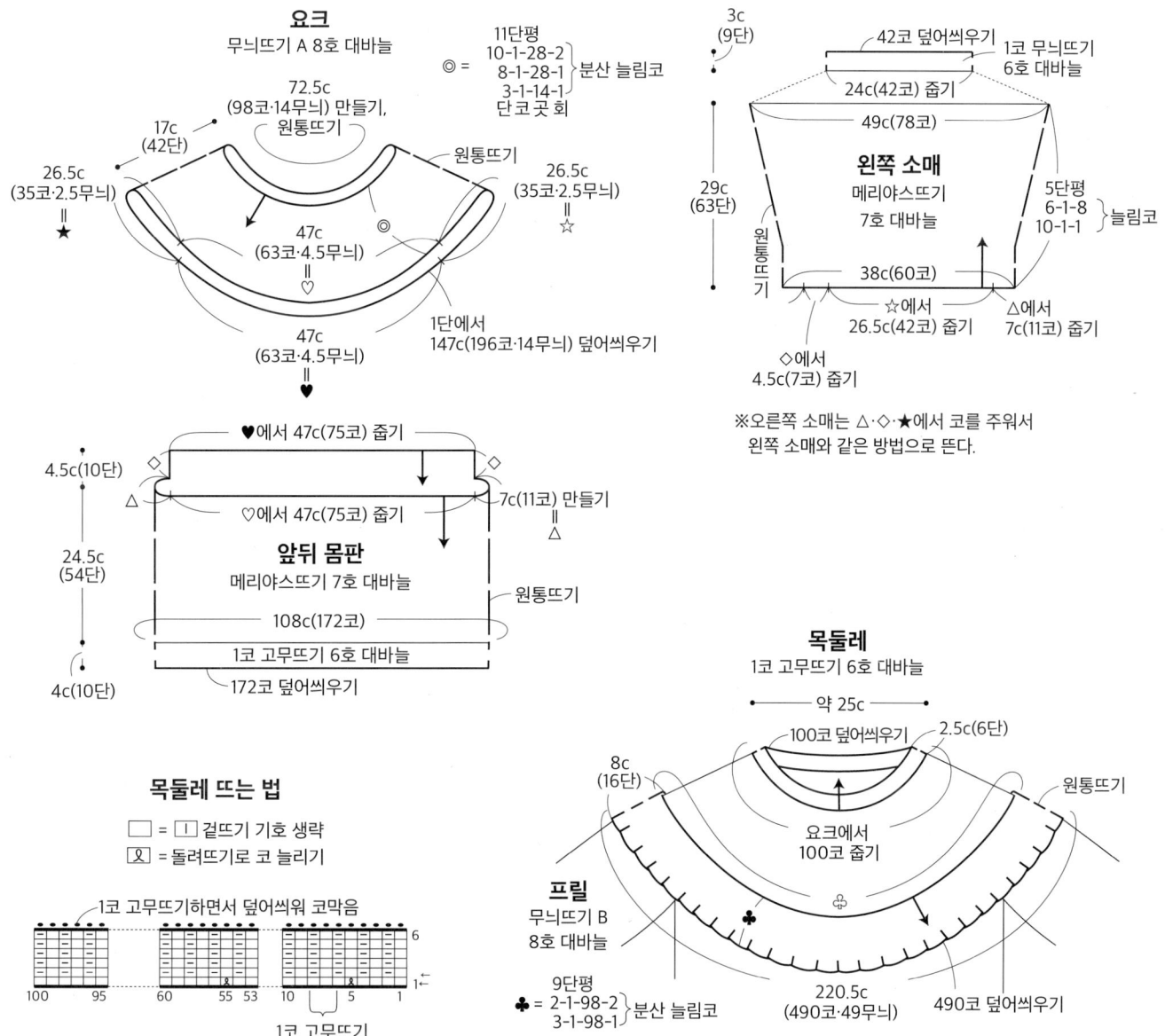

※다음 페이지로 이어집니다.

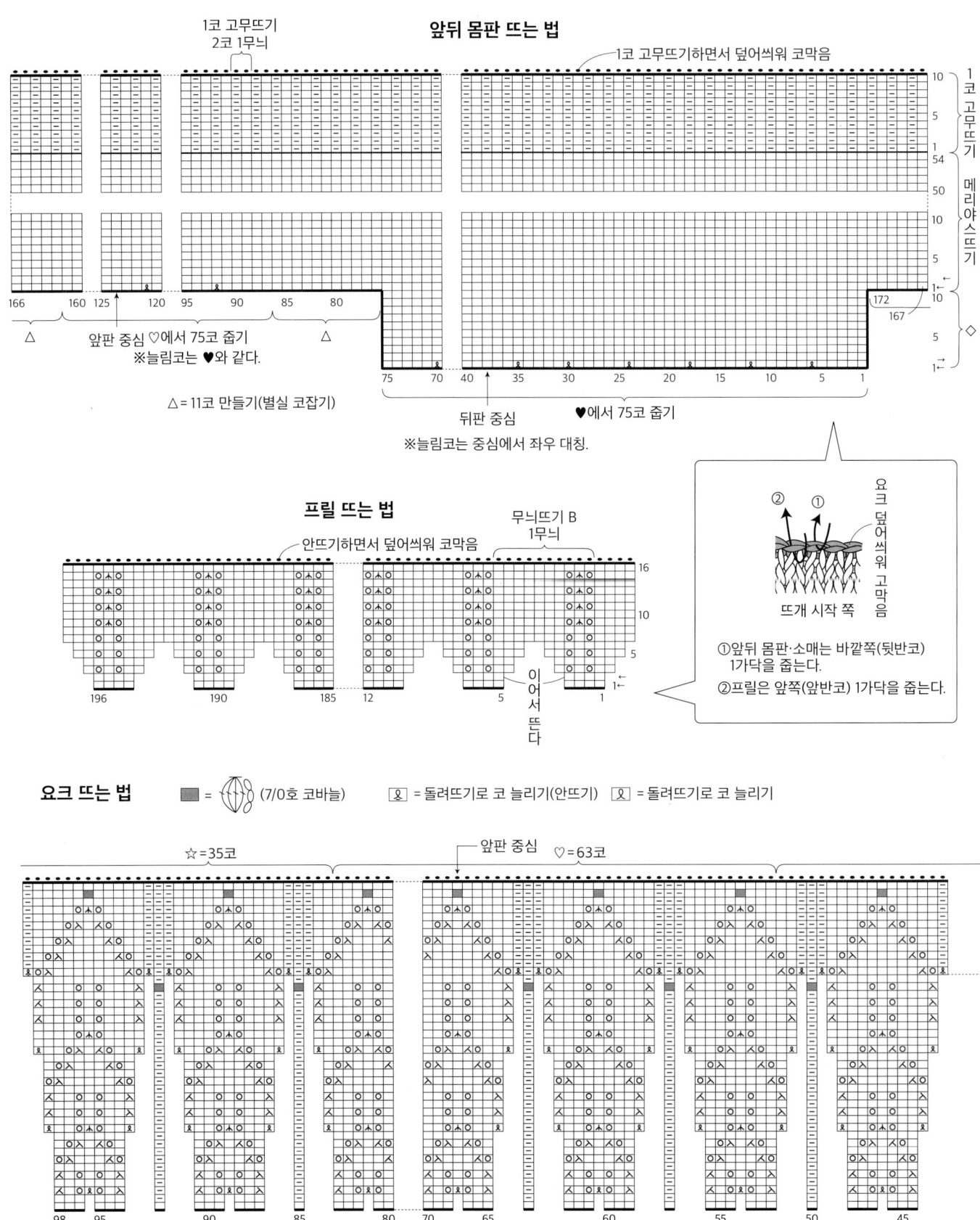

왼쪽 소매 뜨는 법

1코 고무뜨기
2코 1무늬
1코 고무뜨기하면서 덮어씌워 코막음
1코 고무뜨기
= 돌려뜨기로 코 늘리기
◇에서 7코 줍기
☆에서 42코 줍기
△에서 11코 줍기

= 겉뜨기 기호 생략
★=35코
덮어씌워 코막음
♥=63코
뒤판 중심
무늬뜨기 1무늬
뒤몸판 뜨개 시작
이어서 뜬다

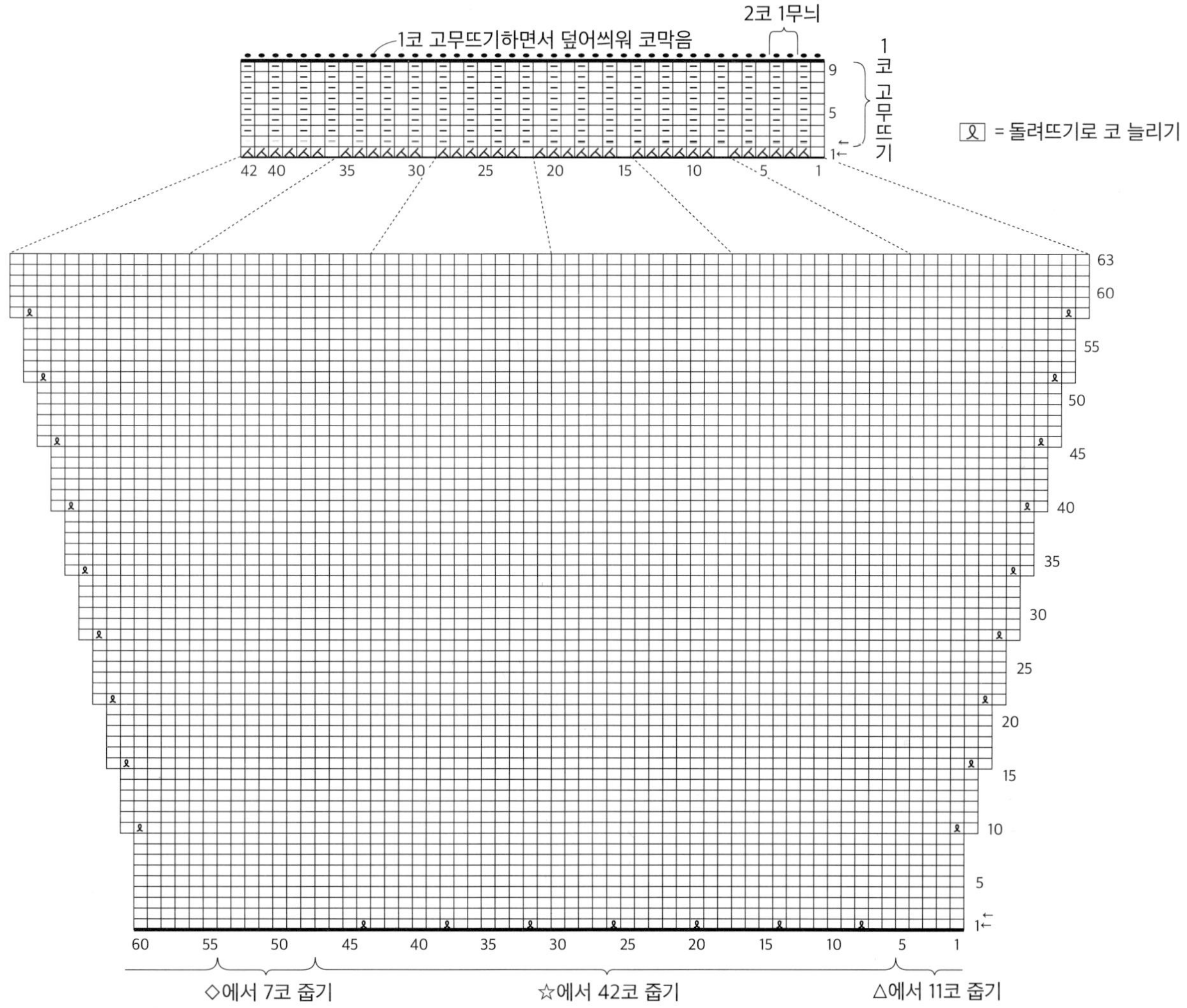

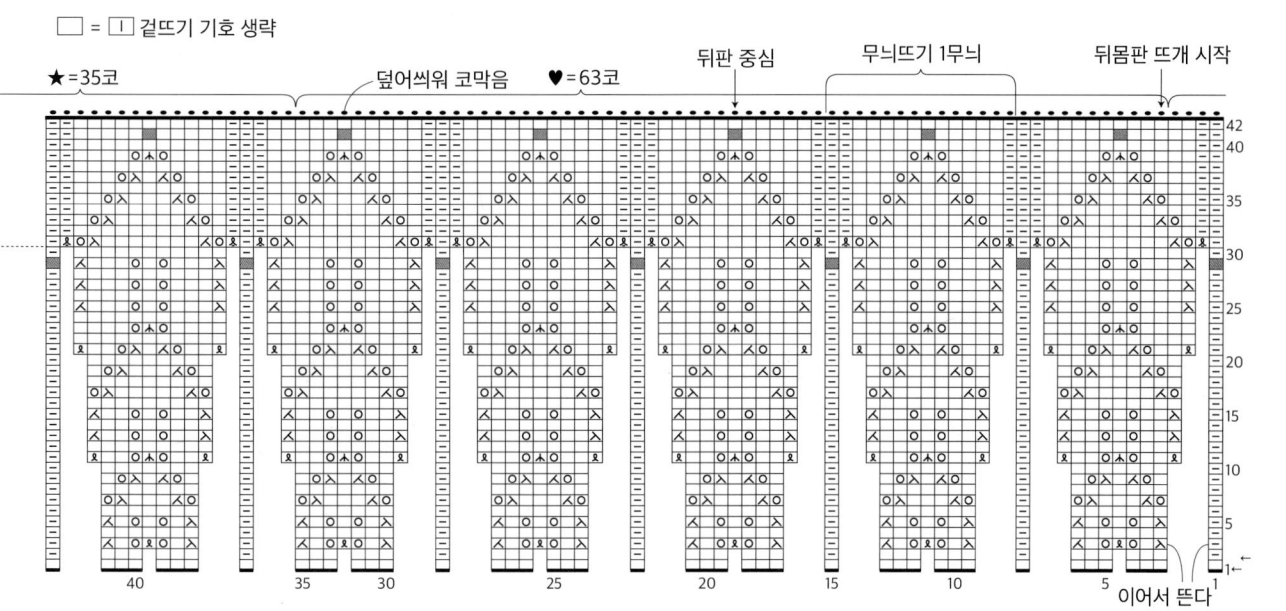

14/15 스모킹 무늬 풀오버 P.40/41

사용 실 하마나카 소노모노 헤어리
14 베이지(122) 140g
15 아이보리(121) 175g
도구 대바늘 7호(4.2mm), 5호(3.6mm)
(4·5개짜리 양면 바늘 또는 줄바늘)
코바늘 6/0호(별실 코잡기용)

게이지(10×10cm) 메리야스뜨기 18코×28단
완성 크기 가슴둘레 106cm, 총장 49cm, 소매길이 14 약 68.5cm 15 약 41.5cm

뜨는 법

1. 별실 코잡기를 만들어서 메리야스뜨기로 앞뒤 단차를 뜹니다.
2. 무늬뜨기 A, B로 요크를 원통뜨기합니다.
3. 요크에서 코를 줍고, 옆선 부분은 별실 코잡기를 만들어서 메리야스뜨기, 가터뜨기로 앞뒤 몸판, 밑단을 원통뜨기한 다음 덮어씌어 코막음합니다.
4. 요크와 옆선에서 코를 주워서 메리야스뜨기와 가터뜨기로 소매, 소맷부리를 원통뜨기한 뒤, 덮어씌워 코막음합니다.
5. 별실 코잡기를 풀어서 코를 줍고 가터뜨기로 목둘레를 원통뜨기한 다음 덮어씌워 코막음합니다.

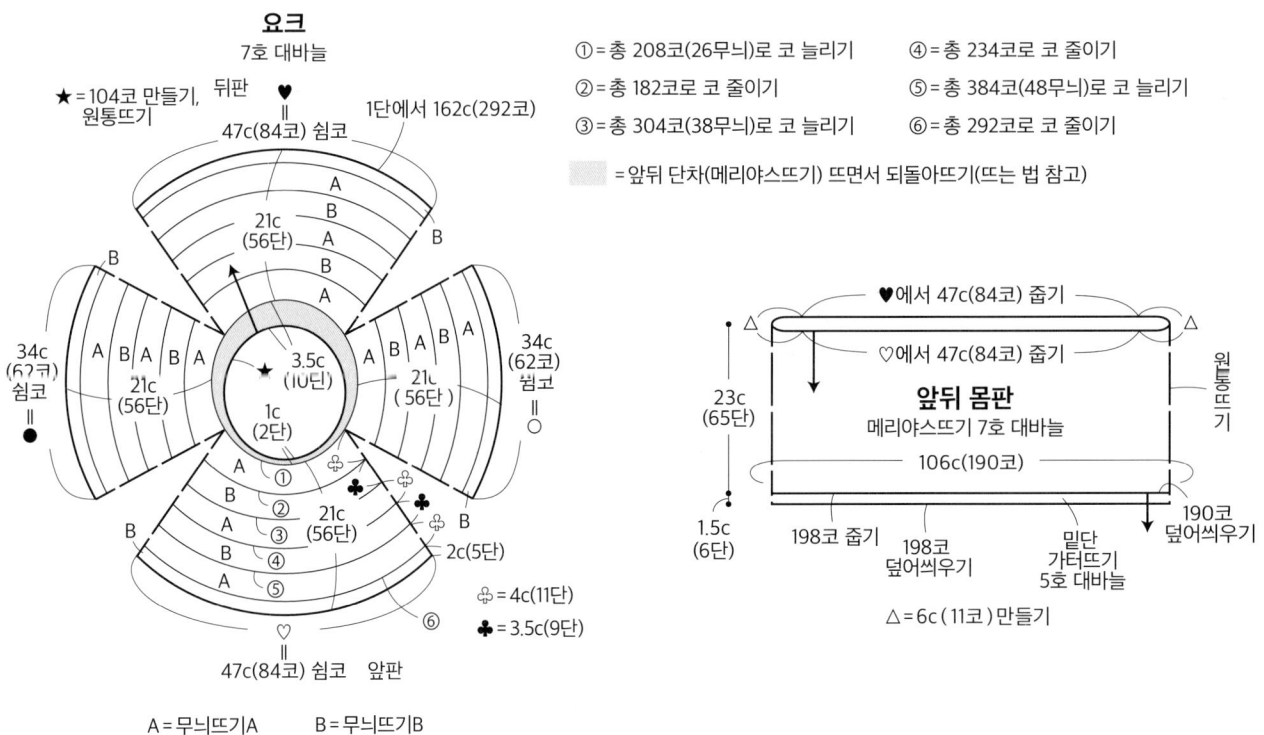

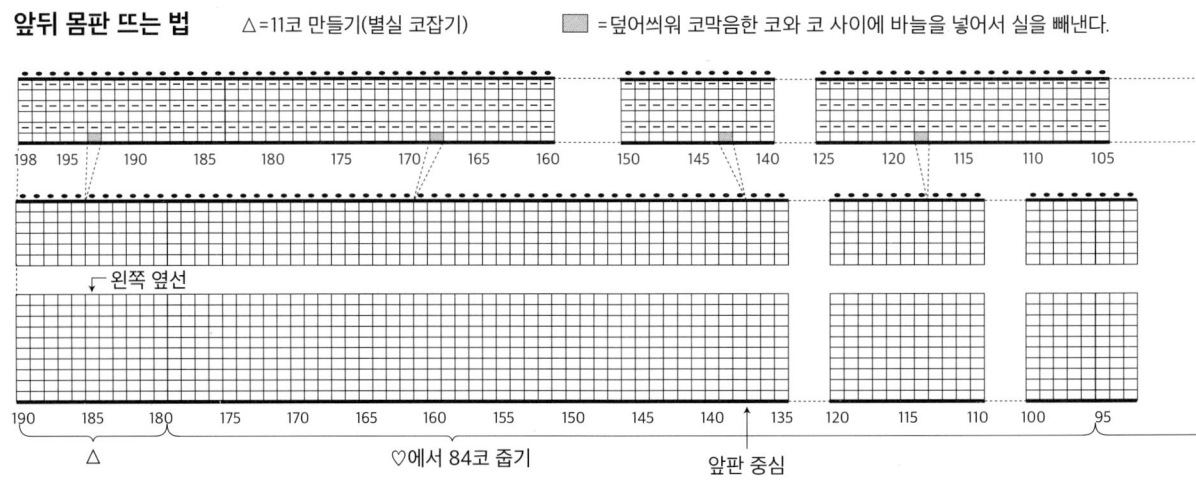

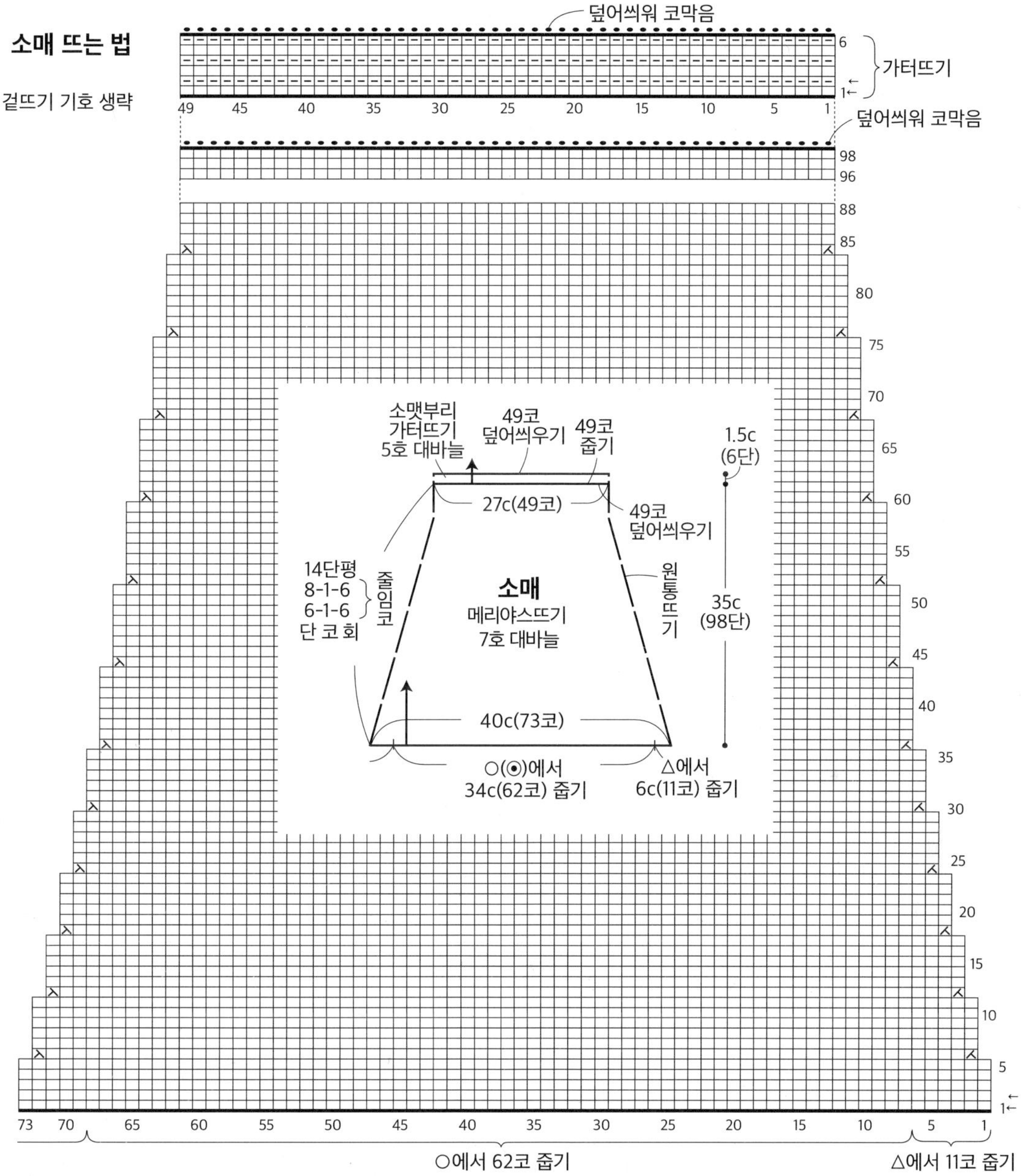

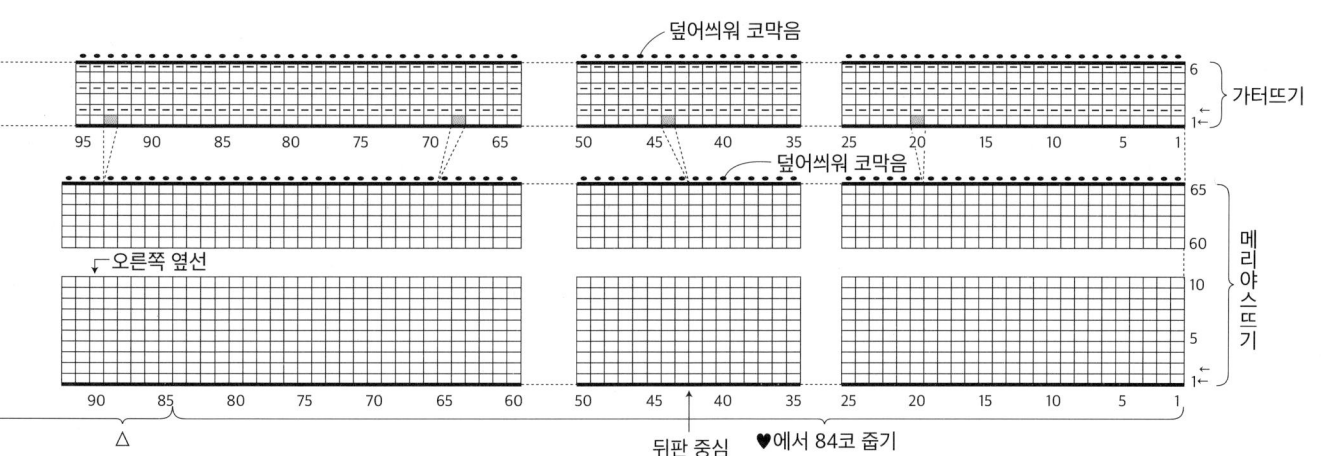

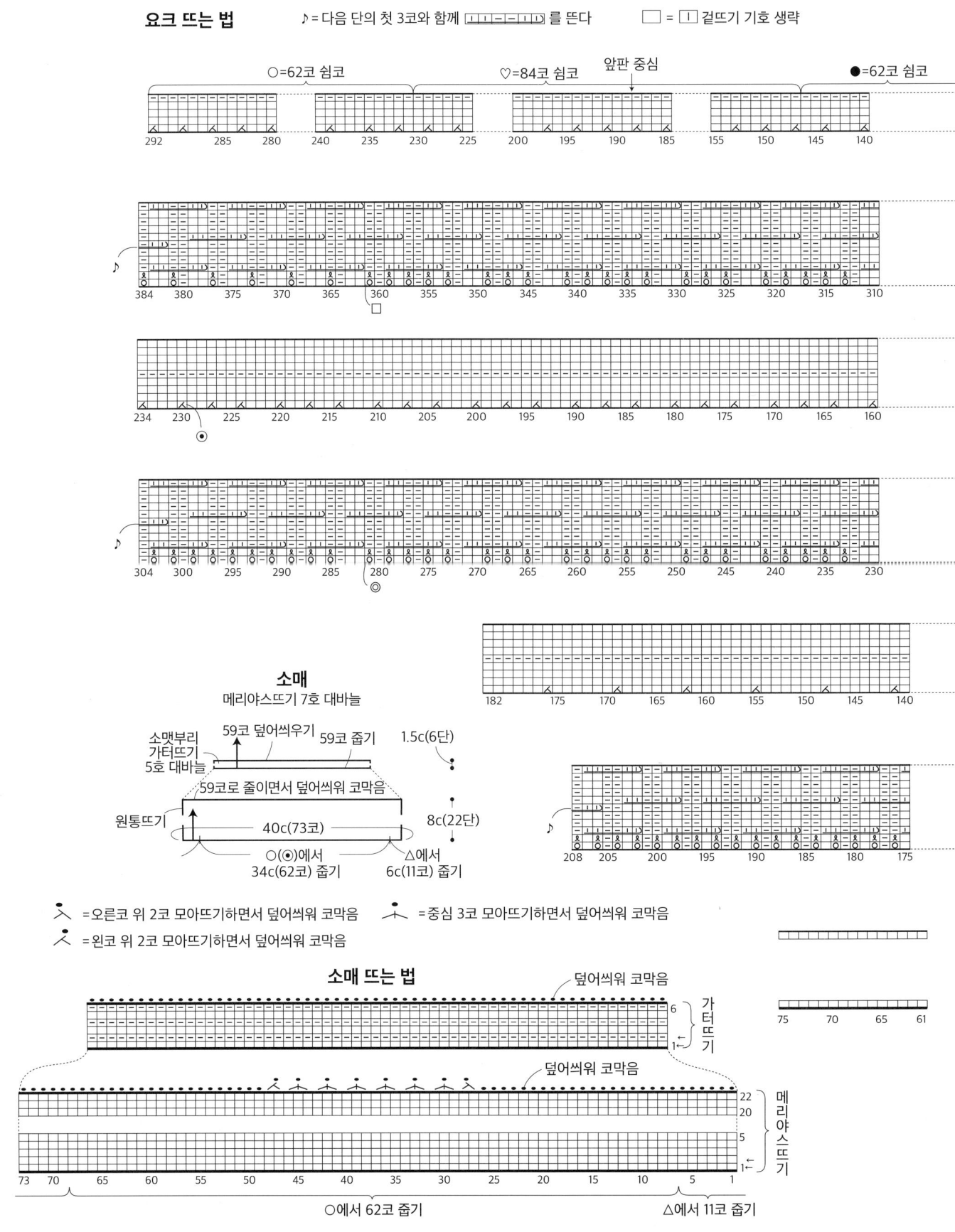

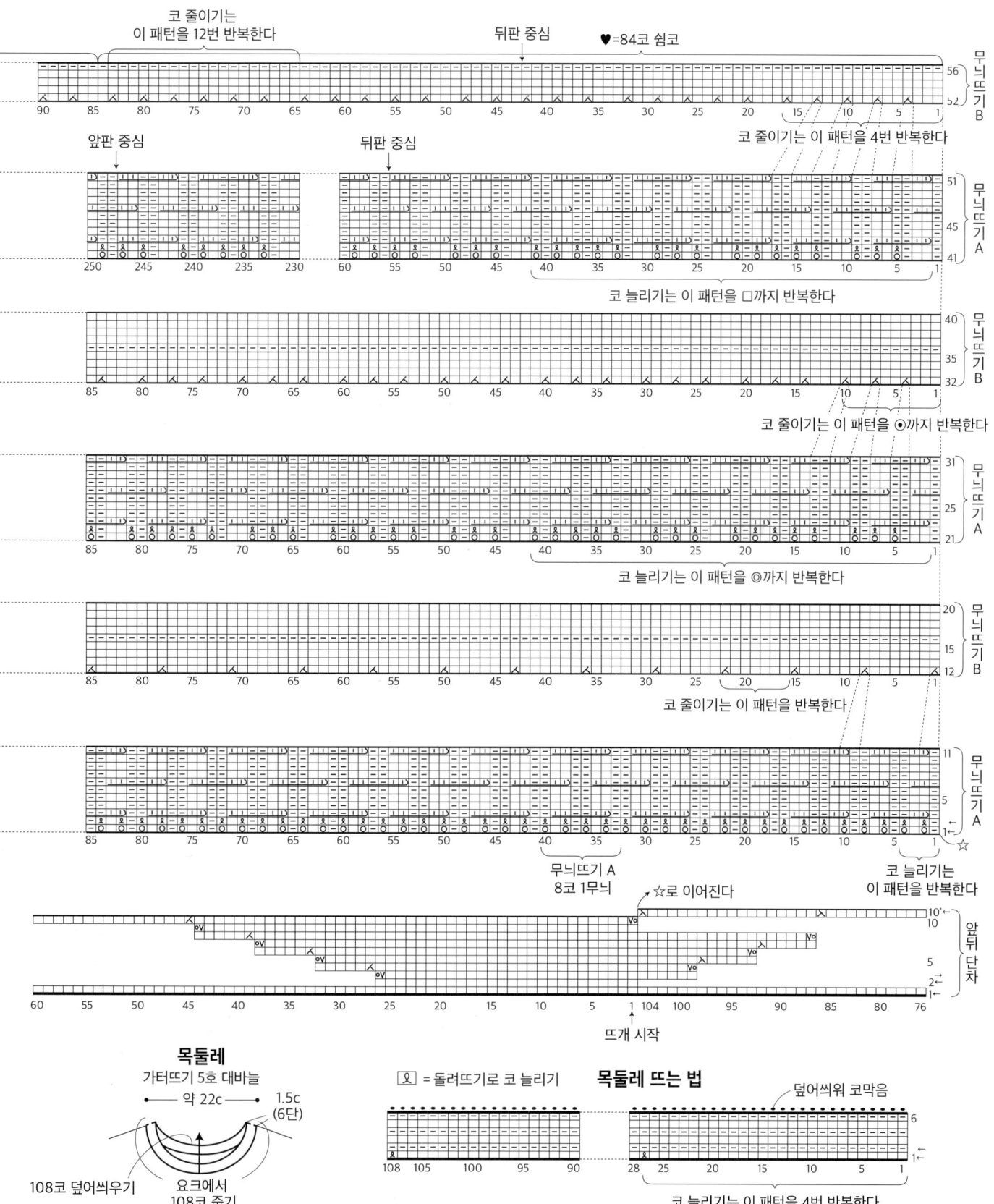

16 비침무늬 풀오버   P.42

사용 실
하마나카 탑시(topsy) · 빨간색 계열(6) 290g

도구
대바늘 4호(3.3mm), 5호(3.6mm), 6호(3.9m)
(4·5개짜리 양면 바늘 또는 줄바늘)
코바늘 5/0호(별실 코잡기용)

게이지(10×10cm) 무늬뜨기 B 1무늬(20코)=9.5cm 34단=10cm
완성 크기 가슴둘레 114cm, 총장 49cm, 소매길이 약 64.5cm

뜨는 법

1. 별실 코잡기를 만들어서 무늬뜨기 A로 앞뒤 단차를 뜹니다.
2. 무늬뜨기 A, B로 요크를 원통뜨기합니다.
3. 요크에서 코를 줍고, 옆선 부분은 별실 코잡기를 만들어서 무늬뜨기 B, 안메리야스뜨기로 앞뒤 몸판, 밑단을 원통뜨기한 다음 덮어씌워 코막음합니다.
4. 요크와 옆선에서 코를 주워서 무늬뜨기 B, 안메리야스뜨기로 소매를 원통뜨기한 다음 덮어씌워 코막음합니다.
5. 별실 코잡기를 풀어서 코를 줍고 가터뜨기로 목둘레를 원통뜨기한 다음 덮어씌워 코막음합니다.

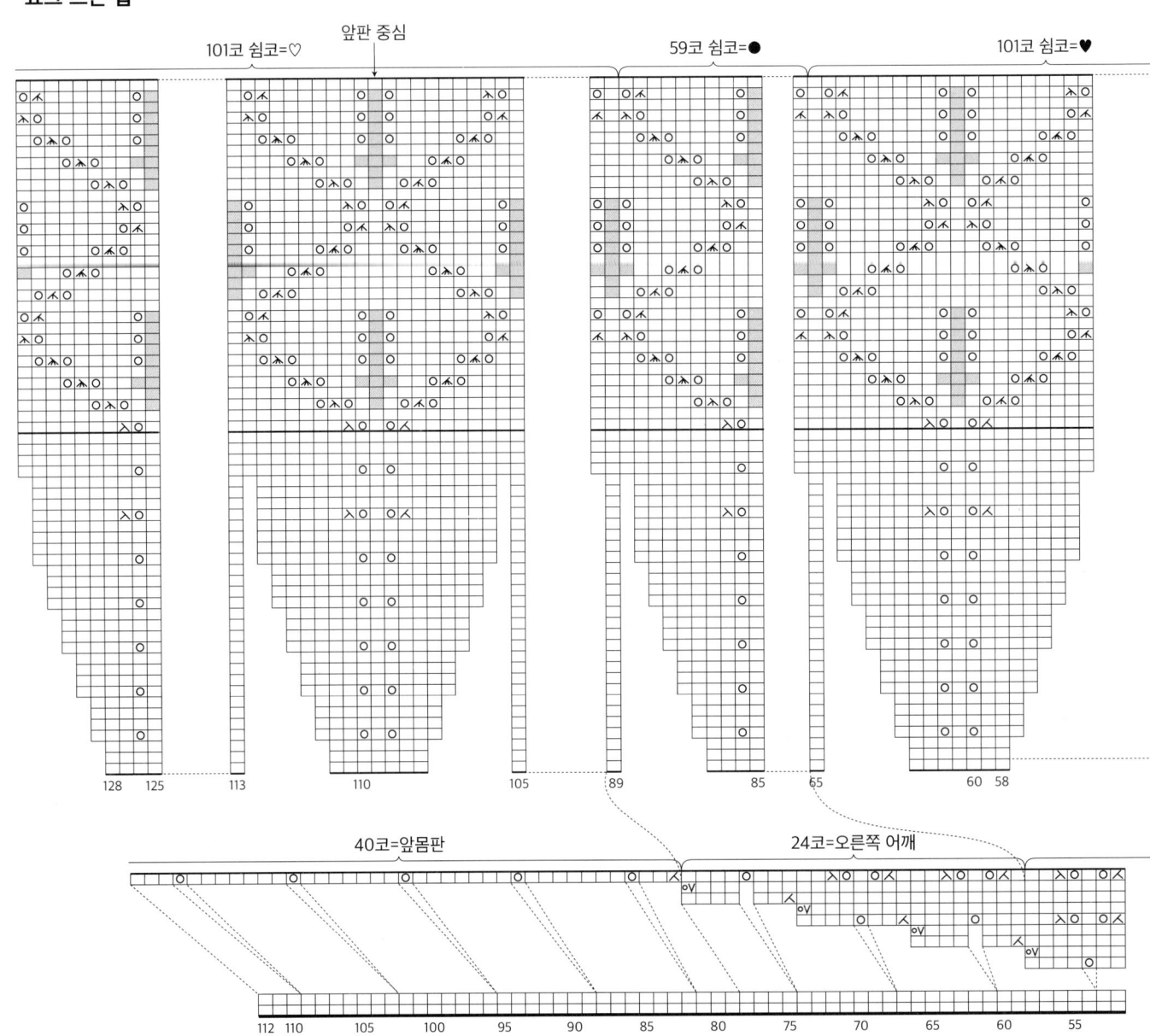

요크 뜨는 법

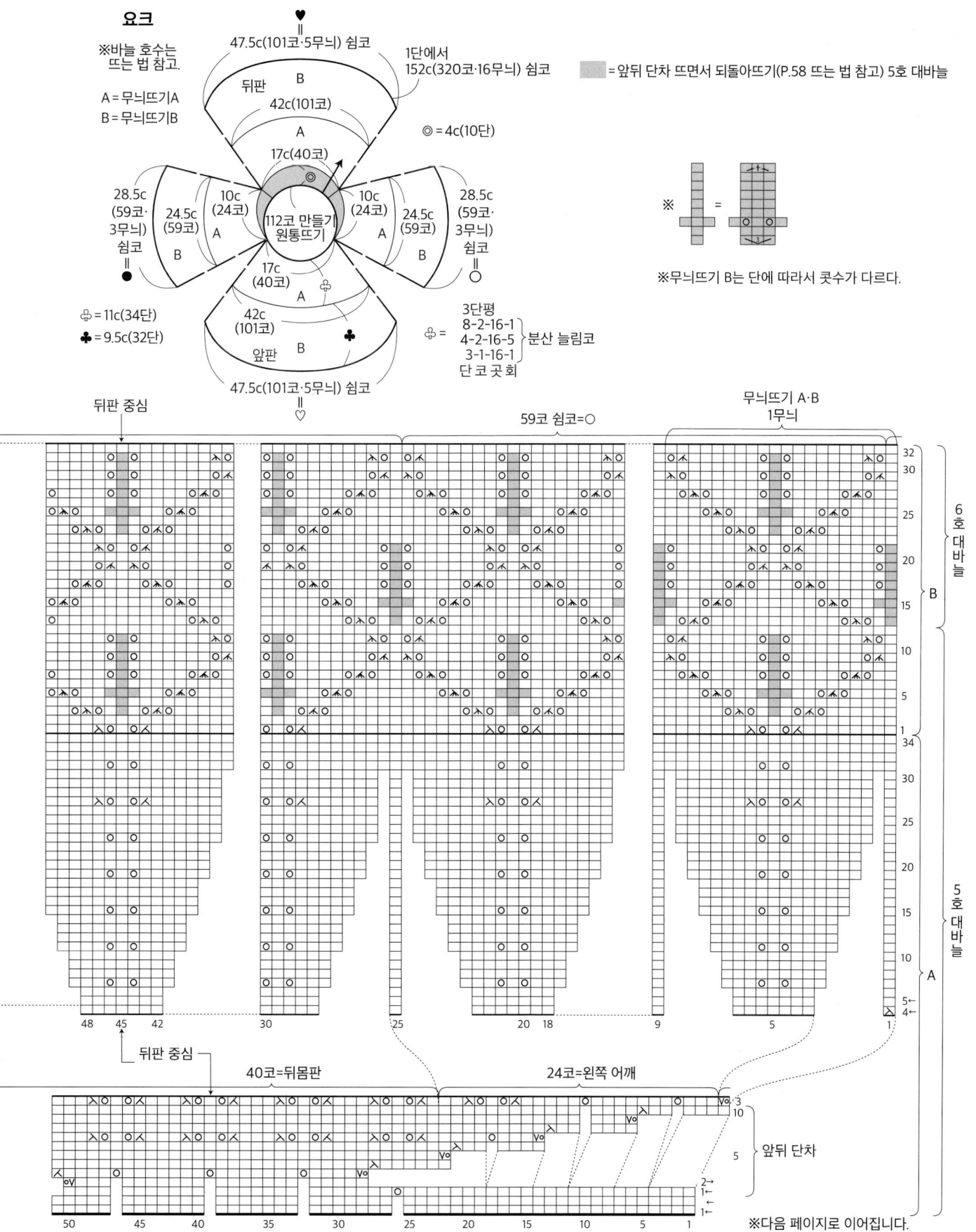

앞뒤 몸판 뜨는 법

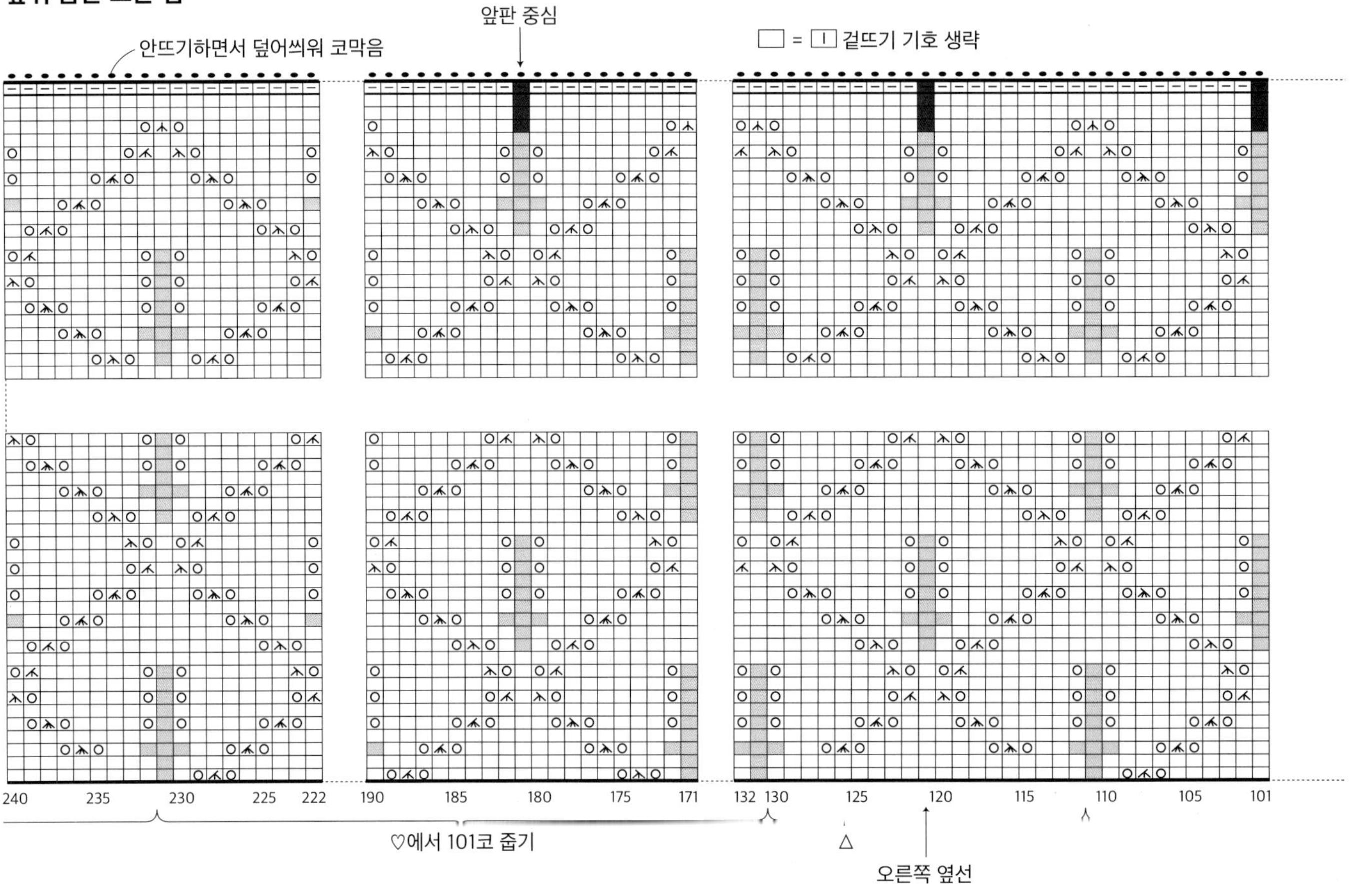

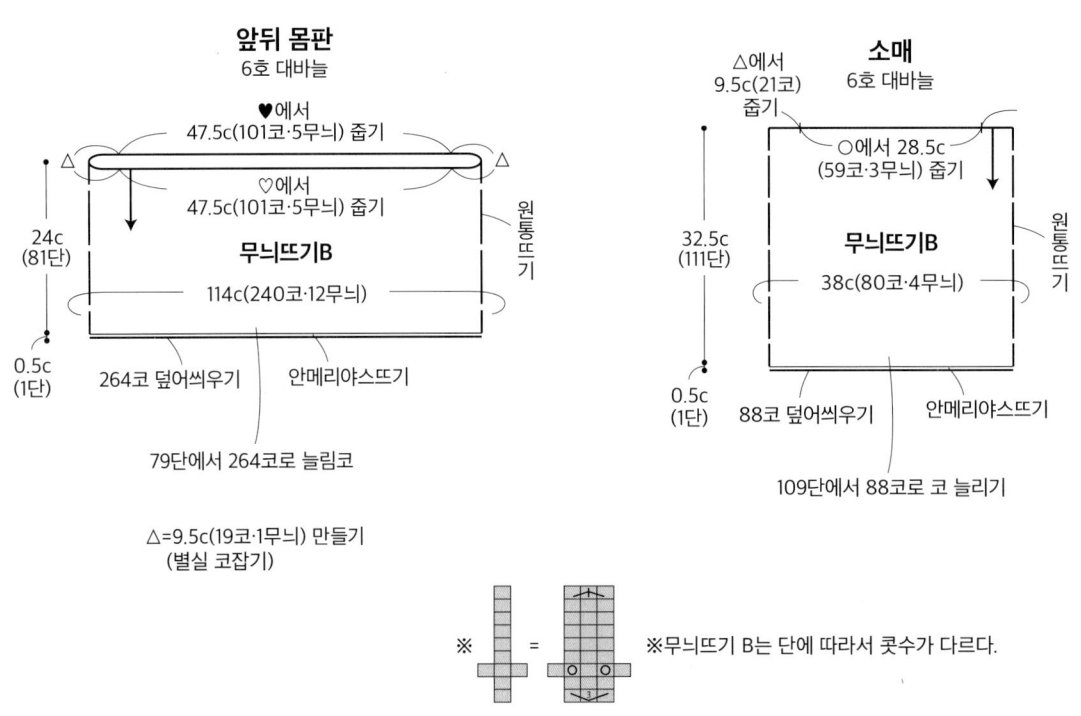

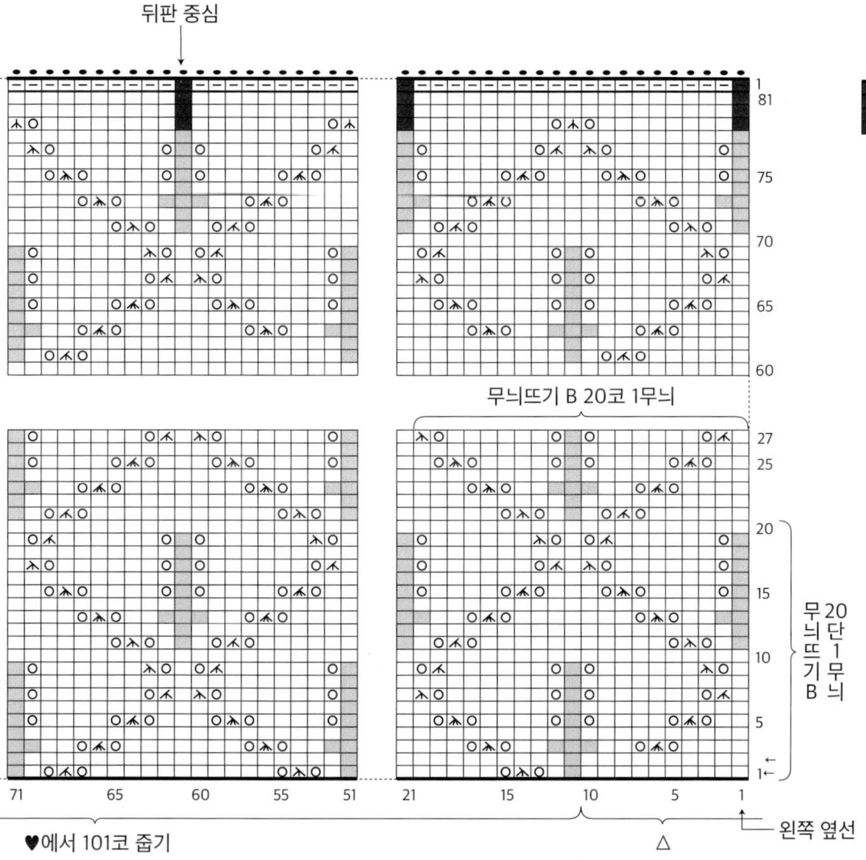

뒤판 중심
1
81
75
70
65
60
무늬뜨기 B 20코 1무늬
27
25
20
15
10
5
1
20단 1무늬
무늬뜨기 B
71
65
60
55
51
21
15
10
5
1
♥에서 101코 줍기
△
왼쪽 옆선

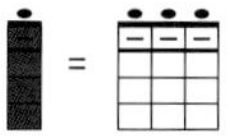

목둘레

가터뜨기 4호 코바늘

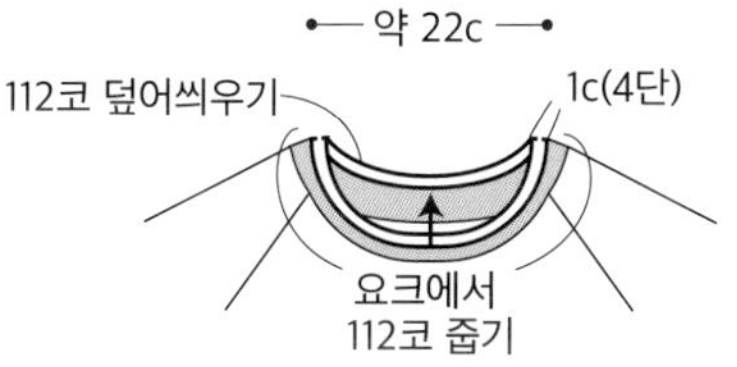

약 22c
112코 덮어씌우기
1c(4단)
요크에서
112코 줍기

목둘레 뜨는 법

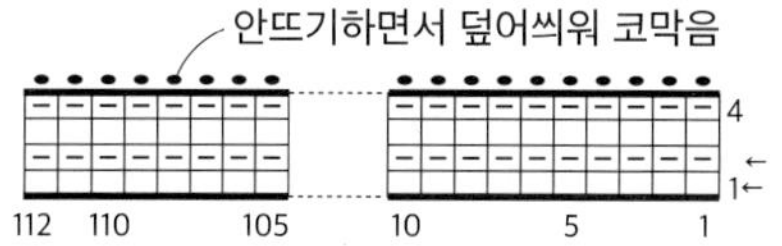

안뜨기하면서 덮어씌워 코막음
4
1
112
110
105
10
5
1

소매 뜨는 법

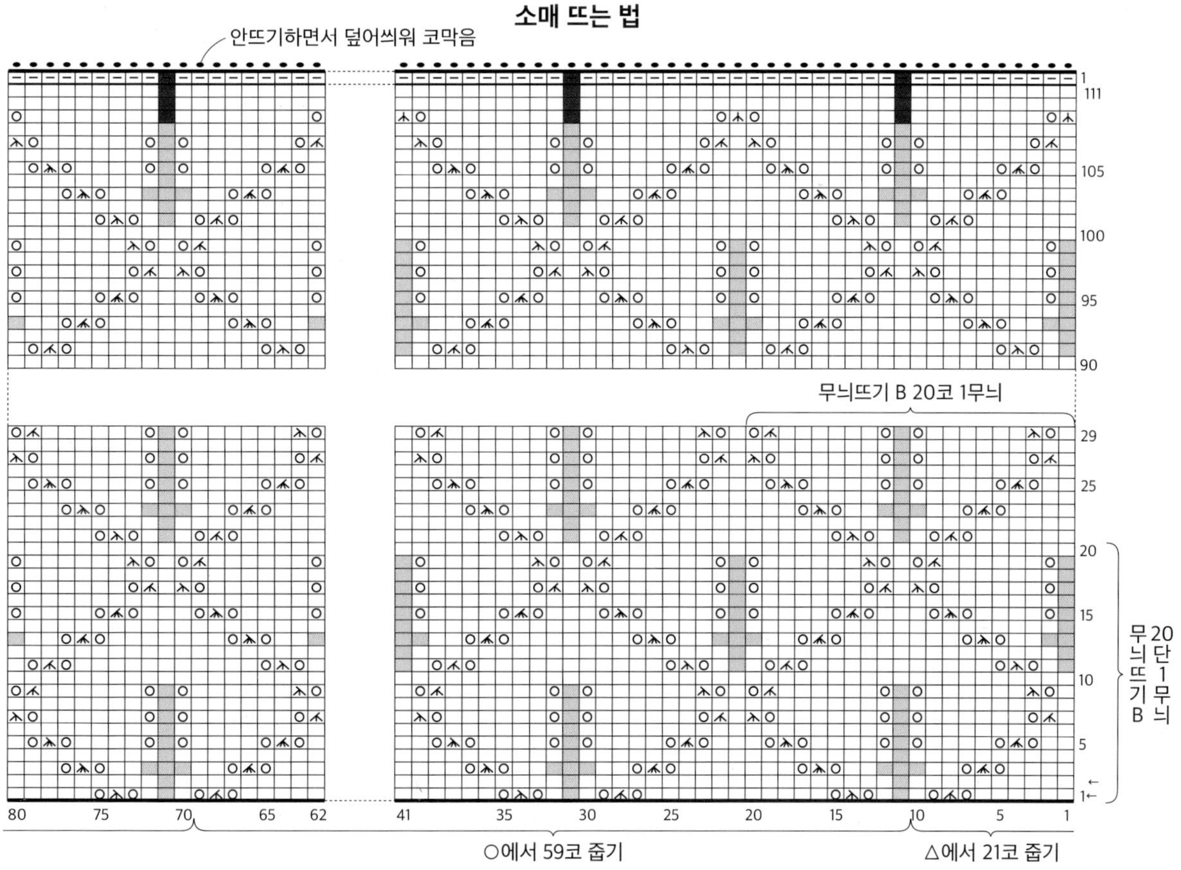

안뜨기하면서 덮어씌워 코막음
1
111
105
100
95
90
무늬뜨기 B 20코 1무늬
29
25
20
15
10
5
1
20단 1무늬
무늬뜨기 B
80
75
70
65
62
41
35
30
25
20
15
10
5
1
○에서 59코 줍기
△에서 21코 줍기

17 비침무늬 짧은 카디건 P.43

사용 실 하마나카 모스모스 · 핑크(6) 175g
도구 대바늘 5호(3.6mm), 3호(3mm)
(2개짜리 한쪽 막힘 바늘,
4·5개짜리 양면 바늘 또는 줄바늘), 코바늘 5/0호
부자재 고리단추(지름 11.5mm) 1개
게이지(10×10cm) 무늬뜨기 A 18코×27.5단
완성 크기 가슴둘레 107cm, 총장 46cm, 소매길이 약 55cm

뜨는 법
1 별실 코잡기를 만들어서 가터뜨기, 무늬뜨기 A로 요크를 뜹니다.
2 요크에서 코를 주워서 무늬뜨기 A로 앞뒤 단차를 6단 뜹니다.
3 요크와 앞뒤 단차에서 코를 줍고, 옆선 부분은 별실 코잡기를 만들어서 가터뜨기, 무늬뜨기 B, C, 테두리뜨기로 앞뒤 몸판을 뜹니다.
4 요크와 몸판에서 코를 주워서 무늬뜨기 B, C, 테두리뜨기로 소매를 원통뜨기합니다.
5 별실 코잡기를 풀어서 코를 줍고 가터뜨기로 목둘레를 뜹니다.
6 단추, 단춧고리를 만들어서 앞단에 답니다.

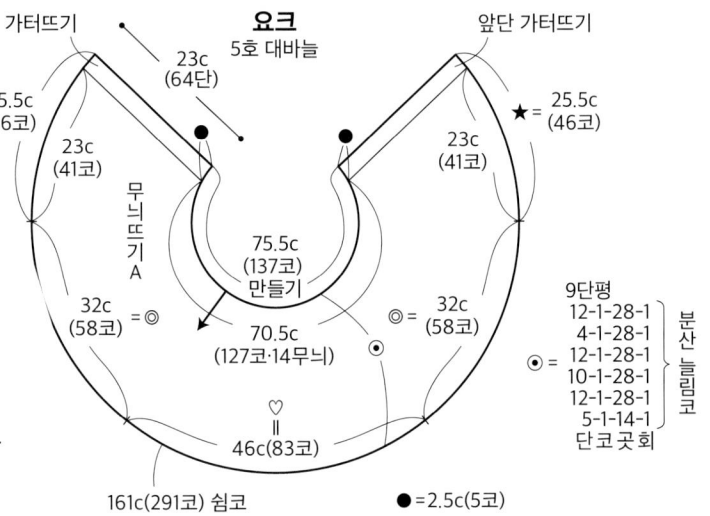

요크 뜨는 법

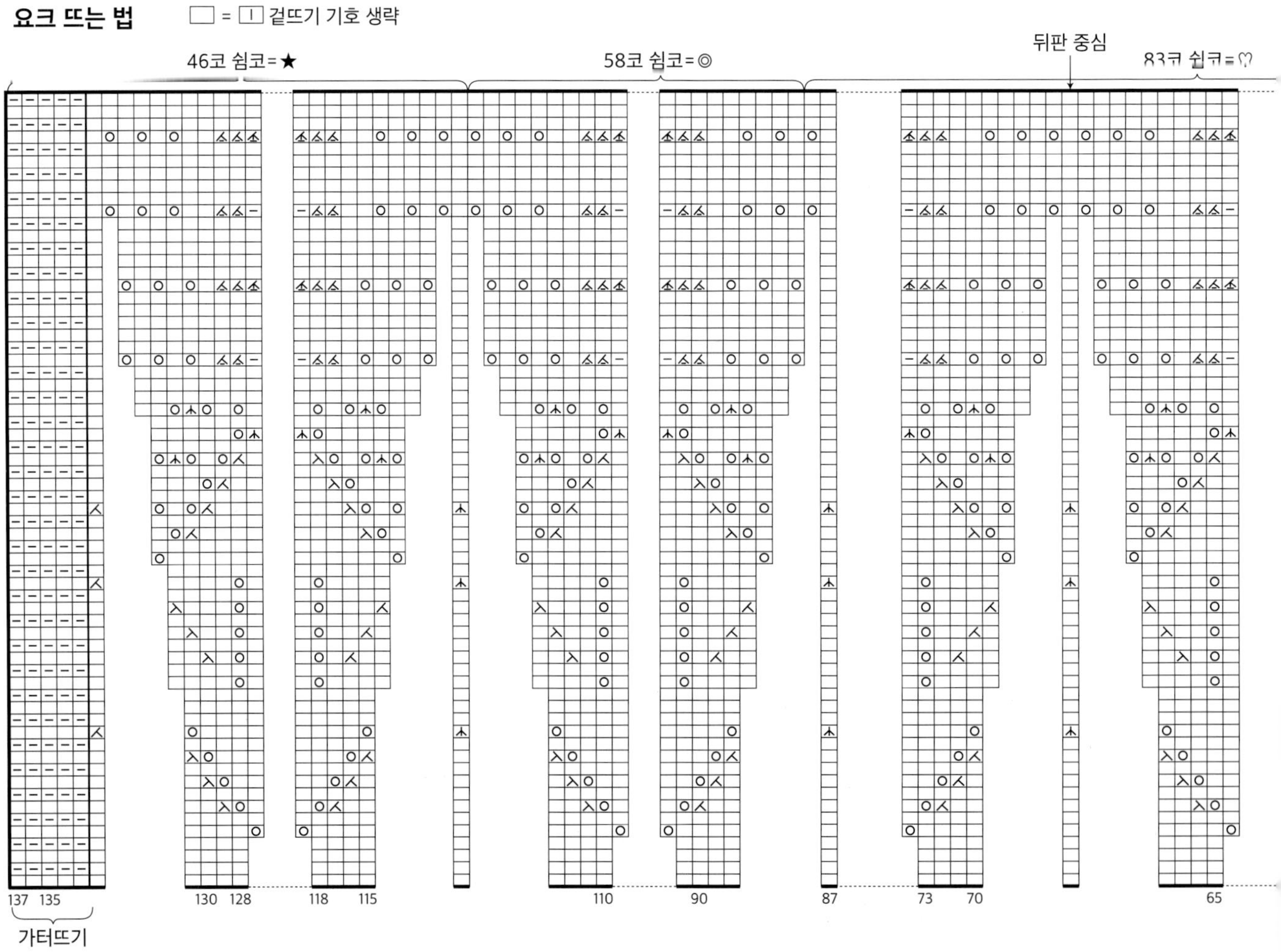

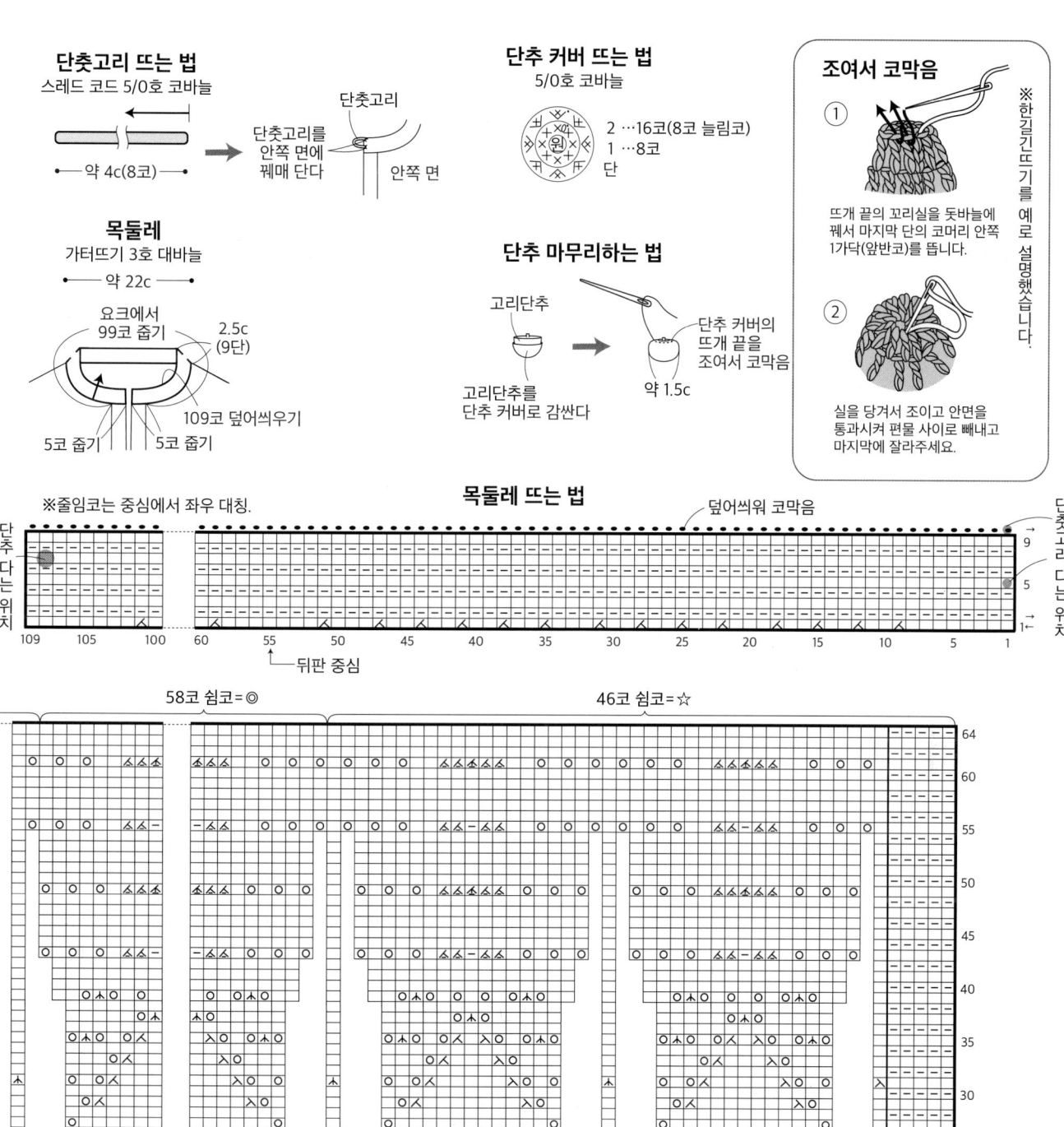

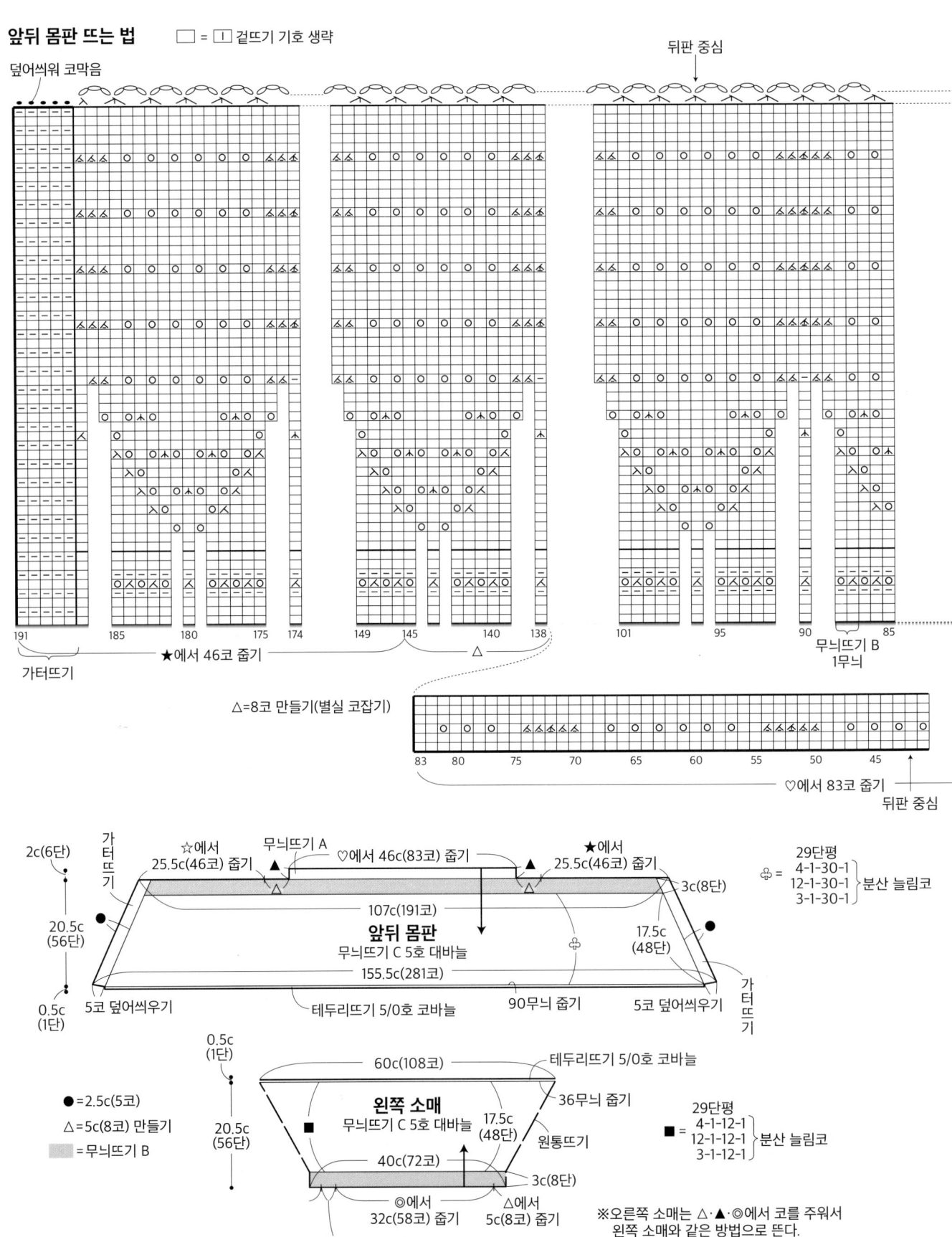

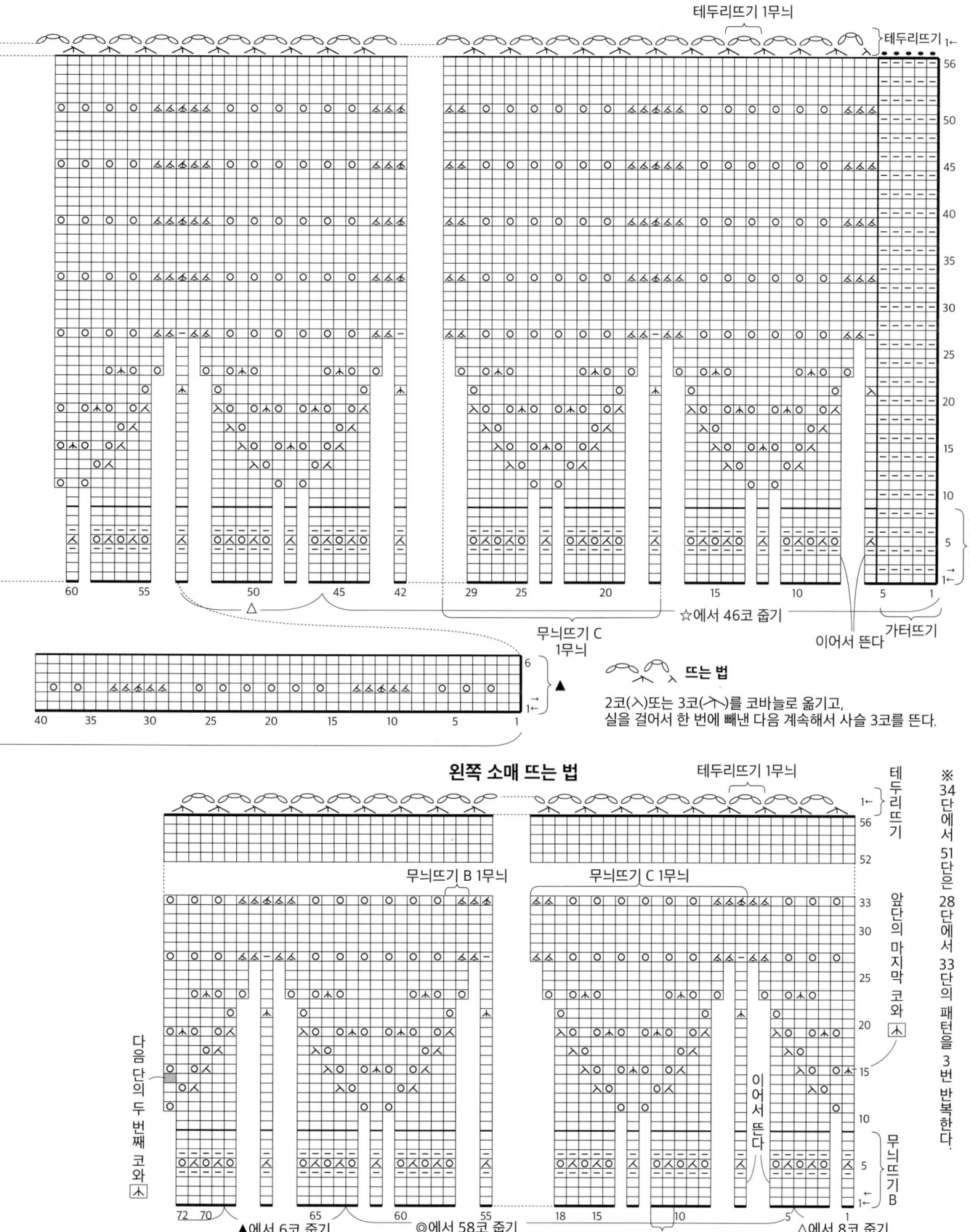

18 플레어 베스트   P.44

사용 실
하마나카 모스모스・블루(4) 180g

도구
대바늘 6호(3.9mm)(2개짜리 한쪽 막힘 바늘,
4・5개짜리 양면 바늘 또는 줄바늘)
꽈배기바늘, 코바늘 7/0호(별실 코잡기용)

게이지(10×10cm) 메리야스뜨기 22코×32.5단
완성 크기 가슴둘레 122cm, 총장(뒤판) 51.5cm, 소매길이 약 28cm

뜨는 법

1. 별실 코잡기를 만들어서 메리야스뜨기, 무늬뜨기 A, B로 요크를 원통뜨기합니다.
2. 요크에서 코를 주워서 무늬뜨기 B로 앞뒤 단차를 10단 뜹니다.
3. 요크와 앞뒤 단차에서 코를 줍고 옆선 부분은 별실 코잡기를 만들어서 메리야스뜨기, 무늬뜨기 B・B', 테두리뜨기 a로 앞뒤 몸판을 원통뜨기한 다음 덮어씌워 코막음합니다.
4. 요크와 몸판에서 코를 주워서 테두리뜨기 b로 소맷부리를 원통뜨기한 다음 덮어씌워 코막음합니다.
5. 별실 코잡기를 풀어서 코를 줍고 테두리뜨기 c로 목둘레를 원통뜨기한 다음 덮어씌워 코막음합니다.

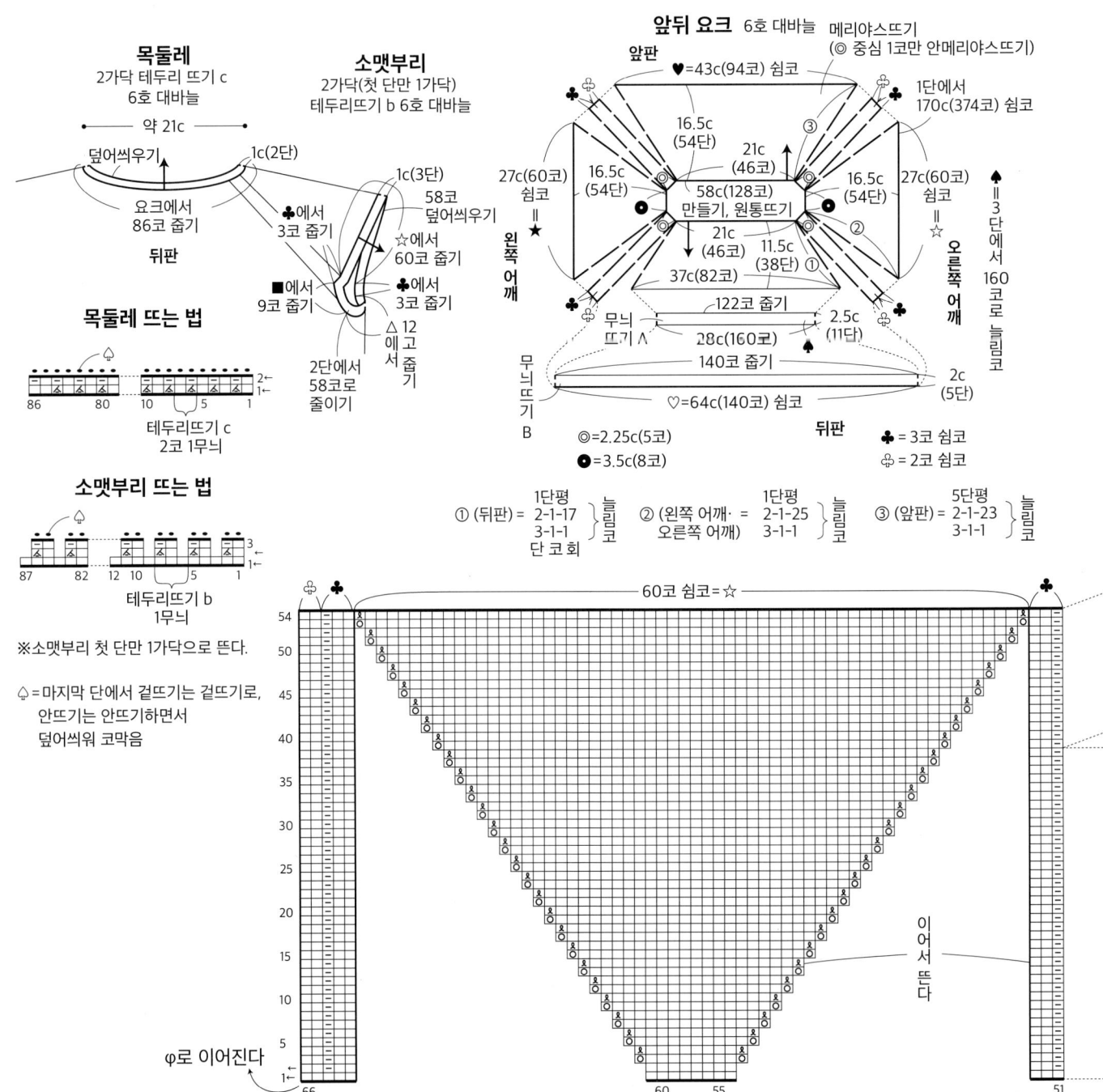

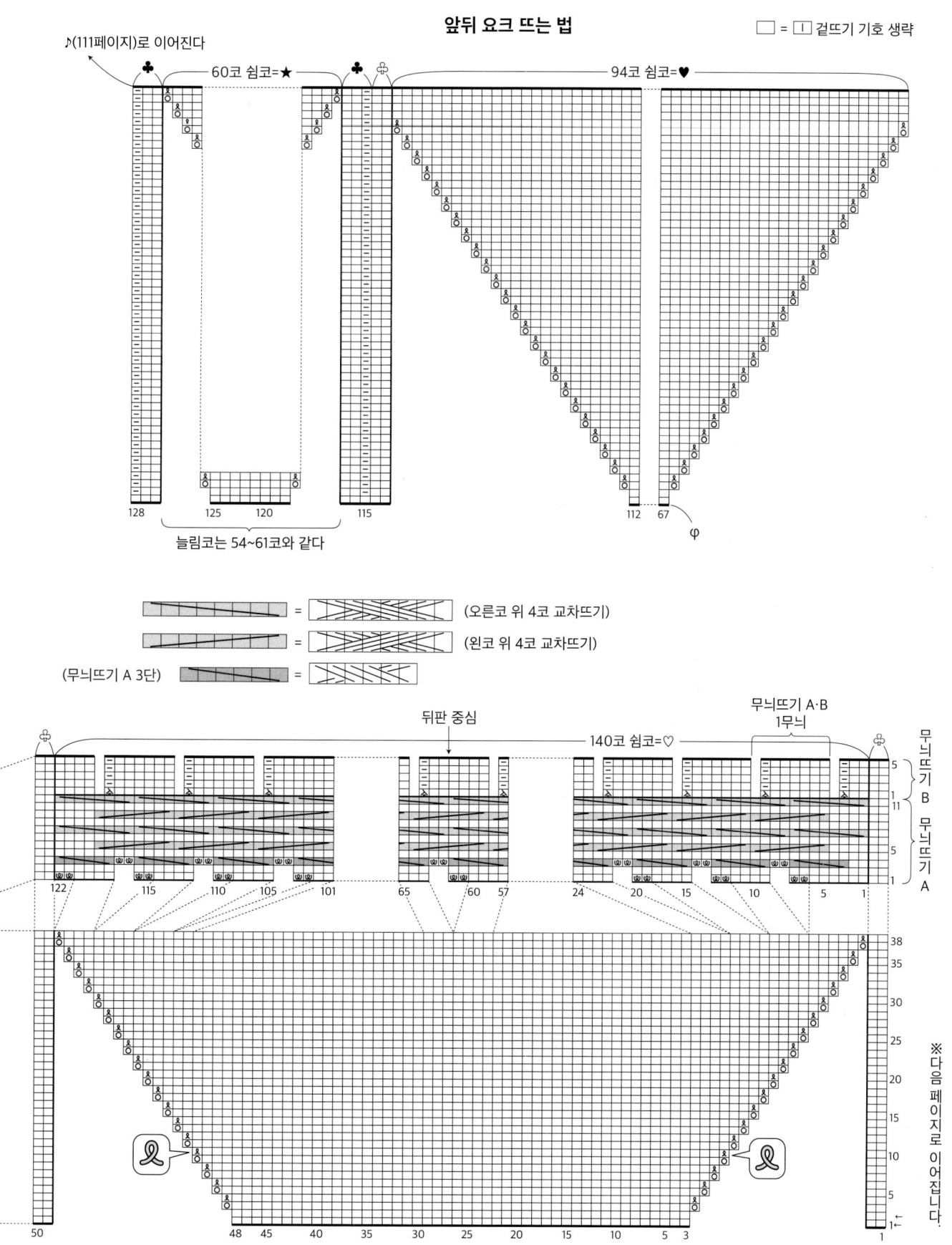

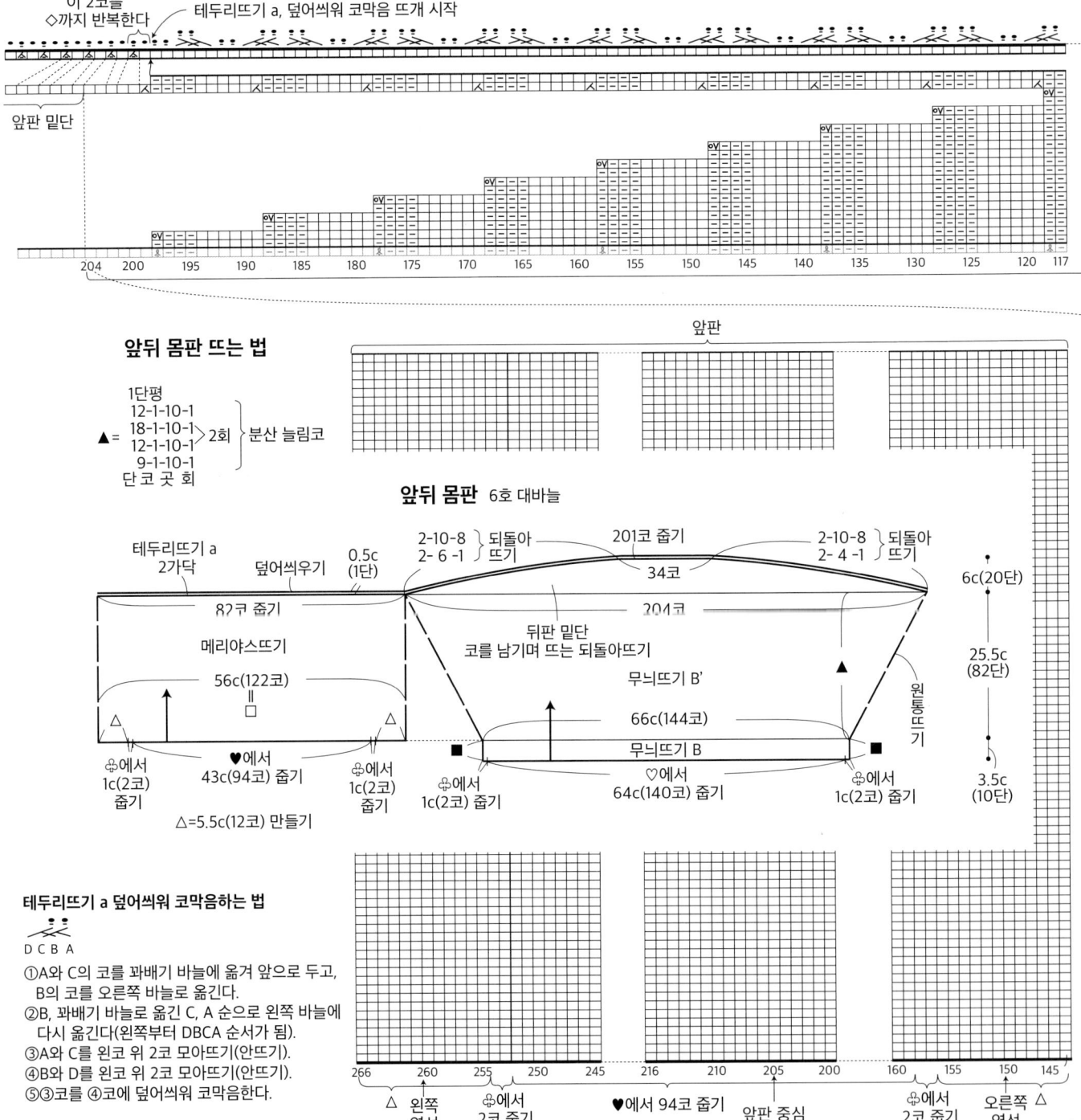

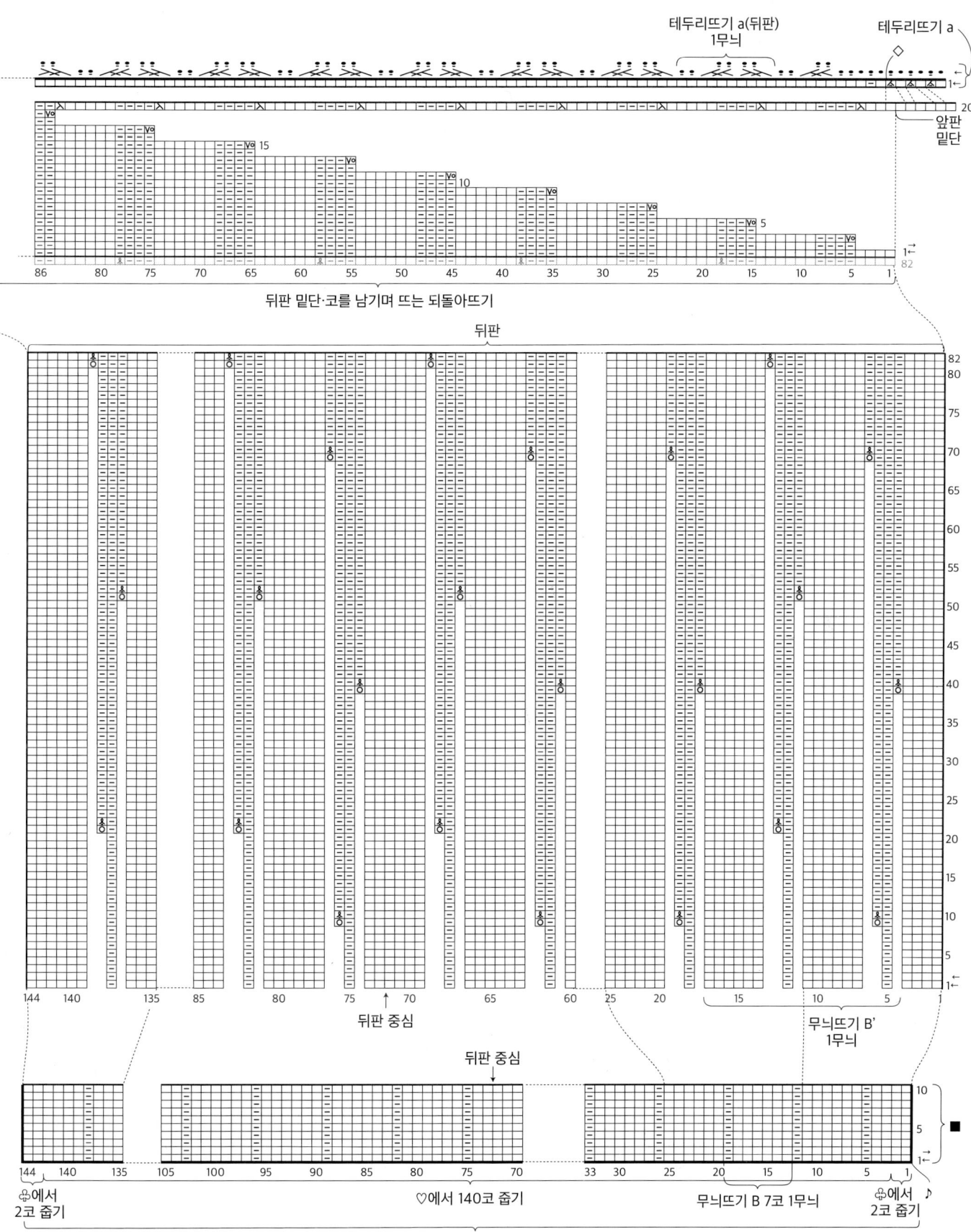

대바늘로 한 번에 뜨는 탑다운니트

초판 1쇄 | 2025년 10월 22일
지은이 | 부티크사 편집부
옮긴이 | 남가영

펴낸이 | 서인석
펴낸곳 | 제우미디어
출판등록 | 제 3-429호
등록일자 | 1992년 8월 17일
주소 | 서울시 마포구 독막로 76-1 5층
전화 | 02-3142-6845
팩스 | 02-3142-0075
홈페이지 | jeumedia.com

ISBN 979-11-6718-577-8 13590
※파본은 구입하신 서점에서 교환해 드립니다.

제우미디어 트위터 twitter.com/jeumedia
제우미디어 인스타그램 instagram.com/jeumedia

만든 사람들
출판사업부 총괄 김금남 | **책임편집** 민유경
기획 신은주, 장재경, 안성재, 최홍우 | **제작** 김용훈
디자인 총괄 올컨텐츠그룹